慈悲與決心

安琪拉・瑪莉修女回憶錄

經典

聖母醫院的大日子：德蕾莎修女來訪，位於前排左二，派特・麥奎爾站在她左邊(上圖)。有幸私下會見教宗若望保祿二世(下圖)。

在臺灣花蓮與證嚴法師的重要會面，同行者有紀雅瑩、吳照峰和友人(上圖)。我從沒想過能見到伊莉莎白二世女王(下圖)。

本書贊助者臺灣武智基金會董事長張有惠(右)與我和澳洲總理陸克文(上圖)。妞拉(左)和我與張董事長(下圖)。

聖母醫院的台灣志工與聖母基金會執行長耐吉・哈里斯(中右)、貝蒂及布萊恩・麥克葛拉斯夫婦合影(上圖)。愛爾蘭之眼，移民離開都柏林之前對愛爾蘭的最後一瞥(下圖)。

我母親和父親，攝於一九二〇年代初期(左上)。我外公強尼・萊恩，是我童年時非常重要的人(右上)。六叉農場的房子，我們的出生地。照片中是我父親牽著馬兒比利(下圖)。

我母親直視人的目光令我記憶猶新(上圖)。一九六七年第一次從布里斯本返家時，與吉姆一起堆乾草(下圖)。

童年頑皮的景象：妞拉、米克和路易搭驢車(上圖)。我、凱文、茉拉和妞拉搭著馬兒比利拉的兩輪馬車回家(下圖)。

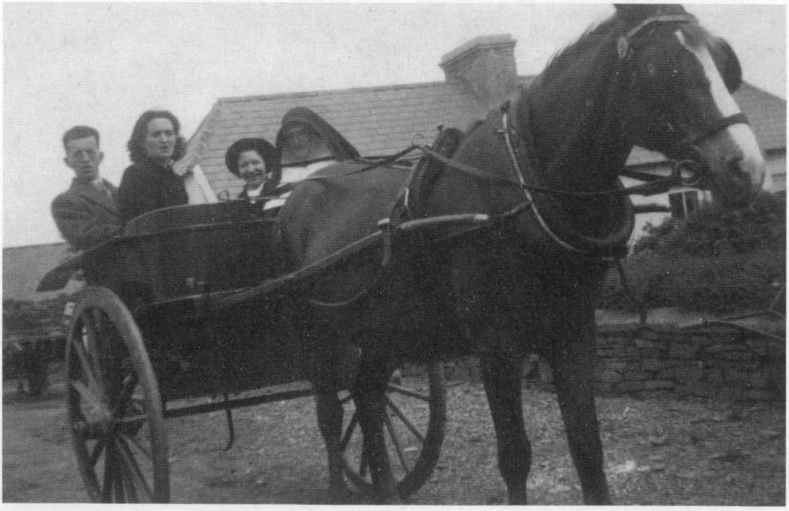

「亞斯圖里亞斯號」載著我們前往澳洲(上圖)。要從愛爾蘭搭乘「亞斯圖里亞斯號」的一行人，正在等著登船(下圖)。

序

我站在舊聖母私立醫院（the Mater Private Hospital）的陽臺上，望著陌生的布里斯本的景色，燈光在家家戶戶的窗戶裡閃爍著，突然了解到整個城市裡，沒有人知道我曾經存在過。我想像著在那些家庭裡，父母親與孩子共享天倫——我也曾經有過的天倫之樂。對家庭的渴望、渴望曾經有過的熟悉，強烈地席捲而來。

在一九四八年一月份那個悶熱的夜晚，我離開了度過童年的愛爾蘭鄉下，跨越大半個世界，來到廣闊的布里斯本市。

在第二故鄉澳洲度過六十載之後，我不禁回想起當初把我帶到布里斯本的各種因緣巧合。各種回憶湧上心頭，想到我的父母和手足，童年和成年的我，都是他們塑造出來的。這些回憶鮮明得宛如昨日，深深地影響我至今。

在命運的安排下，因緣際會來到布里斯本。這六十年來充滿了特別的經驗、也認識了更多特別的人。

這就是我的故事。

慈悲與決心

安琪拉・瑪莉修女回憶錄 目錄

愛爾蘭的童年時光

我是「中間的小孩」。生長在有九個孩子的家庭裡，我剛好是中間的其中一個。對家人而言，我是凱思琳（Kathleen）；但是對我在澳洲認識的其他人，我一直都是安琪拉．瑪莉修女（Sister Angela Mary）。

我是在六叉（Six Crosses）的自家農場長大的，農場位於愛爾蘭克萊爾郡（County Clare），靠近奇摩利麥馬宏（Kilmurry McMahon）市。我們是個鄉村家庭，家人相親相愛，從小到大，彼此都非常尊重——尊重彼此、尊重父母，我們也覺得自己的父母是天下最棒的。我感覺就像現在走進廚房，格子狀的地板仍然一塵不染，馬上看得到爸爸、媽媽、丹恩舅舅（Uncle Dan）、和每個兄弟姐妹——尚恩（Sean）、凱文（Kevin）、茉拉（Maura）、路易（Louis）、妞拉（Nuala）、米克（Mico）、吉姆（Jim）和烏娜（Una）——相親相愛地歡聚一堂。我們九個孩子在十六年間陸續出生：老大尚恩生於一九二〇年、我出生於一九二五年，而烏娜則生於一九三六年。對我而言，他們是永恆的。我們的父母親、丹恩、尚恩、凱文、茉拉、路易、和米克已經走完了他們的人生旅程。老天垂憐，終有一天，我們會再團聚。

我們直覺父親才是真正的老大，但在那個年代的風俗教條下，他鮮少喜形於色。事實上，有些家人覺得和父親有些疏離。但我可不這麼認為。我一向認為他是個害羞的人，其實對我們非常關心。我最早的記憶是坐在他懷裡，幫他梳頭髮。我父親相當機智，也熱愛音樂和舞蹈——他父親曾經是克萊爾郡最棒的小提琴手之一。他的腳步非常輕盈，我也很愛看他和母親一起跳舞。父親來自於道爾家族（the Doyles），母親則來自於萊恩家族（the Ryans）。父親的家族在經濟上比母親的家族富裕。我奶奶是位老師，我姑姑也是。派崔克（Patrick）伯父曾就讀於梅努斯學院，準備當個牧師，但他並未從事這個職業。他回歸家族，並在道爾家族世代傳承的屋子裡結婚生子。

我母親叫做瑪格麗特．萊恩（Margaret Ryan），來自於大家庭，而她們家裡的唯一經濟來源就是家庭農場。我母親最後繼承了這個農場，至今仍屬我們家庭所有。外祖母相當年輕的時候就過世了，留下十四個孩子，當時最小的才三歲。我母親讀到三年級就輟學了，並和外公強尼・萊恩（Johnny Ryan）共同承擔起照顧家人、管理農場的責任。因此，外公將財產留給母親，感謝她無私的奉獻和絕佳的能力。

所以，最後是女兒繼承了家庭農場。愛爾蘭的傳統是將土地分割給後代。但在撐過一八四〇年代飢荒的悲慘歲月後，外祖父了解到這麼做必會帶來悽慘的後果。許多小農場必須養活許多家庭，雖然這並不是造成飢荒的原因，但飢荒導致許多愛爾蘭人在十九世紀中葉離鄉背景。然而，土地一再被分割，使得留在家鄉的人難以重建。因此，飢荒之後，單一繼承的狀況漸行普遍。

由於愛爾蘭的就業前景不佳，因此舅舅和阿姨大多前往美國，在那裡勞苦一生，教育他們的孩子，賜給那些孩子自己都不知道的好日子。大部分的舅舅和阿姨都曾經在不同時候設法回來愛爾蘭走一遭，只有比爾舅舅（Uncle Bill）例外。貧困、匱乏的記憶是他的夢魘，令他無法重踏故土。他的兒子法蘭克・萊恩（Frank Ryan）願意幫他付旅費，但他堅決推辭。丹恩舅舅是少數未移民的，他和我們一起住在我父母結婚時建造的家裡。母親成長的房子已不復存在，但房子的所在地戴瑞納利卡路距離現在的家不遠，一直都是全家人懷念的地方。舊房子的部份石塊還被拿來蓋牛舍，給牛隻冬天避寒之用。

我的父母親都有很強烈的信仰。我父親的家族通常不會公開表態，因此爸爸也是如此實踐他的信仰。然而，每天早上離開家門前，他一定會跪下來祈禱。我母親就不一樣了。她把信仰傳達給我們。她相信天主、相信三位一體、相信耶穌是聖母瑪利亞所生、相信耶穌化身人類以慈愛的面容代替天主、相信耶穌是為了我們受苦死亡和復活，保證我們也會死而復生。她知道耶穌的存在代表天上的父對我們的愛，敦促我們善待世人，特別是需要幫助的人。母親也在生活中實踐她的信仰。

我童年時的某個事件足以為證。每當夜幕低垂，我母親都會帶著食物去探望一位垂死的老婦人。她帶我同行好幾次。母親會帶食物給她，讓她晚上舒適一些，然後在夜色中走路回家。

還有一次，我獨自在家，有個男人上門要水喝，我就給了他一杯水。母親回家後，我對她提起此事。她的反應令我驚訝不已：「就這樣？你就只給他一杯水？」我反駁：「是啊。耶穌也說一杯水對需要的人是非常重要的。」她看著我微笑，沒再說什麼。

雖然母親的信仰很堅定，但對於來自於國教的不合理規定或不可行的律法，她可不會接受。我們屬於克蘭尼的聖瑪莉教區（St Mary's at Cranny），每幾年就會有幾個興風作浪的傳教士來教區，宣揚末日和地獄之火，母親對他們置之不理，因為那不是她所知的天主、不是耶穌一輩子所呈現的天主。她無視於這些極端的人為詮釋，她相信天主善解人意，對虔誠的人只會好言相對。這就是母親灌輸給所有孩子的信仰。她絕不屈從於任何人，而且也有強烈的政治觀點。我記得有一次，她大聲地抗議政客的所作所為，然後我哥哥凱文警告她可別變成一個「青少年罪犯」。母親那時至少已經七十歲了吧！

母親是我們這個家的心臟，為了我們而影響父親，並以堅定但慈愛的方式引領著我們成長。在我們小時候，九個孩子當然會爆發很多「戰爭」，隨後大家又休兵停戰。一旦情況即將失控，父親就會搖搖頭，然後問母親：「你要拿『你的』孩子怎麼辦？」顯然，在那種關頭，他打算推卸一切對我們應負的責任。母親的回答通常是：「如果我是你，我根本就不管他們。只消幾分鐘，他們就會言歸於好。到時候，我們當父母的就變成他們共同的敵人了。」

母親一點也沒錯。我們都知道必須自己消除歧見，弭平紛爭，絕對不傷感情。這是生命中很好的訓練。我們很早就學習到，生命中遇到難題要努力設法解決，而不能逃避。畢竟，太陽不會因為我們的憤怒而墜落。

在這些家庭紛擾中，我似乎都是罪魁禍首。母親都說因為我排行在中間，面對兄長和弟妹，我必須為自己的權利而戰。有一次吃晚餐時，我正在倒茶，路易說了一些惱怒我的話。我其實可以充耳不聞，但是相反地，我將茶壺放下，追著他跑出屋子，再沿著馬路跑了兩百碼，然後一把抓住他，痛揍他一頓。最後，我們兩人認為正義已然伸張，就一起走回家，與其他人共進晚餐。這件事就這麼結束。我們幾個女孩子常常被自己兄弟編的故事所騙。幾個哥哥會用雙手鉗住我們這些妹妹的頭部兩側，再將我們舉起來，然後宣稱這麼不舒服的過程是要「讓我們看看紐約」。我們毫無選擇，只能盡快附和：「我看到了！放我下來！」

我父親沒打過我們。如果我們應該受罰，就由母親用手「打」我們一下。父親最大的威脅，就是盯著我們的眼睛，並說如果我們再惹麻煩，他就要把我們兩隻眼睛變成一隻！我們總是嚇得逃之夭夭！到現在，我仍然不懂他怎麼這麼厲害，但這個威脅總是很有用。

我們自然而然地吸收天主教信仰，有如我們吸收純淨的鄉間空氣一般。我們清楚知道，無論發生什麼事，天佑永遠都在。我們天主教家庭每晚都要唸玫瑰經，但信仰不僅只是儀式。這種信仰是我們的生活方式，我們深信天主就在身邊，而且天主絕對不會讓我們失望。復活節是神聖的時間。在復活節之前的四旬齋期間，我們會過比較匱乏的生活，體驗耶穌四十天禁食的生活。我記得在「耶穌受難日」（Good Friday）那一天，每到下午三點，母親就會展開雙臂，朗誦五次「天主經」（Our Father）和五次「萬福瑪利亞」（Hail Mary）來紀念耶穌之死。

我也會看到丹恩舅舅在菜園裡做一模一樣的事，即便他當時正在種馬鈴薯。他不在乎被人看到。其他人也會做同樣的事，只是不在菜園裡吧！鄰居如果經過，看到有人在田裡工作，問候語就成了：「天主保佑你的收成。」另一方的回答也是：「你也一樣。」

我們的信仰

和多數愛爾蘭家庭一樣，我們的信仰就是生活的一部分。天主教的小孩，無論在愛爾蘭或散居海外，成長的過程一定都聽過聖派崔克（St

Patrick）在五世紀將基督教帶進愛爾蘭的故事。在這塊土地上，教會變成一種教育和文化的力量，而各個學派的律師和詩人都曾經是這些民族故事的世俗守護者。我向來都認為愛爾蘭的歷史非常扣人心弦、發人深省，但也非常非常令人感傷。

宗教生活在愛爾蘭有非常悠久且令人驕傲的傳統。早在七世紀，教會的拉丁學派和文化的傳統守護者，彼此就已經開始交流想法和技術，這個事實啟發了我。神職人員開始在教學中使用愛爾蘭語。許多修道院都蓋在大街上，變成收容所、慈善收容所、學校和大學。其他的修道院則立於偏遠之處，變成人民祈禱和默禱的中心。在十二和十三世紀的諾曼人統治期間，修會和修道生活蓬勃發展，但修會則把教會與教育跟一般民眾的生活結合得更加緊密。

在十三和十四世紀，英格蘭和威爾斯移民取代了諾曼人。時至今日，雖然英格蘭人對愛爾蘭所帶來的苦難仍未消逝，但不可諱言，中世紀的英格蘭移民對愛爾蘭的法律、議會和民法制度，都留下了不可磨滅的足跡，各種影響仍歷歷在目。然而，愛爾蘭人還是個驕傲的民族。在都鐸王朝期間，即便有些盎格魯愛爾蘭國王屈服求和，但愛爾蘭人仍不斷嘗試將外來移民驅逐出境。亨利八世（Henry VIII）和亞拉岡的凱瑟琳（Catherine of Aragon）結婚後，他又向教宗請求廢除這段婚姻，但未得逞。隨後，亨利八世即宣佈取消教宗的管轄權。此舉造成了英格蘭的宗教改革。然而，愛爾蘭人對教會向來甚為滿意，所以儘管亨利八世決心讓愛爾蘭教會將其視為最高領袖，但成功的機會卻微乎其微。

數世紀來，教會和人民一直維持著緊密的關聯，象徵著愛爾蘭人對英格蘭人占領愛爾蘭領土、和英格蘭人統治權力的抗爭。在數萬個愛爾蘭家族中，克萊爾郡的道爾家族和萊恩家族只是其中的兩個例子，傳承著這個國家複雜又悲慘的歷史。我們這些孩子會在學校學愛爾蘭語，但在家卻不說。我父母都不會說愛爾蘭語，但是母親不高興時，還是會蹦出幾句愛爾蘭語來唸我們。他們成長於二十世紀初期，當時禁說愛爾蘭語，學校裡當然也不教。就跟大多數的愛爾蘭人一樣，我父母非常重視教育。雖然我母親只有正規教育體制中的小學程度，但她非常重視英語，口語和書寫的遣詞用字也非常優美，她認為這是她的老師諄諄教誨的功勞。我母親堅持我們在口語和書寫方面，要跟得上她的標準。

家裡的男生都念了中學，尚恩、凱文和路易在艾尼斯（Ennis）念基督兄弟會中學、米克和吉姆念的是我們主教轄區的神父所辦的聖法蘭倫學院（St Flannan's College）。我猜想年長的哥哥們大概認為弟弟們可以從神父那裡接受到比較好的教育。尚恩是家裡的老大，也是第一個離家念中學的，然後又念了大學。他自認為有責任管教我們這群不守規矩的弟妹，只要我們刀叉用得不對，他就非常反感。他對我們相當嚴格，也似乎認為我們永遠成不了文明人！尚恩在林穆瑞克就讀農學院，但後來決定不想務農維生。他回到克萊爾郡，參加亞德納克拉薩水力發電計畫的短期工作，再回到科克取得大學學位。隨後，他任職於阿爾發拉瓦爾乳品機械公司，足跡遍及愛爾蘭和歐洲。

凱文是家裡的老二，他的個性和脾氣與尚恩截然不同。儘管如此，他們兩人一輩子都是最好的兄弟。事實上，尚恩念了半年中學後，表示如果凱文不去，他也不念了。念完中學後，凱文執意要念商業課程，這樣才能儘快找到工作，幫助家裡的生計，而他多年來也確實做到。他的第一份工作是在艾尼斯的法院上班，艾尼斯也是克萊爾郡的行政首府。

凱文在艾尼斯時，妞拉也去當地讀中學。他們住在同一間宿舍，凱文還幫她支付所有的食宿費和學費。之後，凱文搬到蓋爾威市（Galway

City），任職於西區健康委員會。他擁有文學士和法律學位，最後擔任郡書記。在愛爾蘭體制中，郡書記以往就是地方政府的主要執行官員。凱文在一九八四年退休，而他對愛爾蘭語的熱誠、以及推動地方政府使用愛爾蘭語的行動，早已廣為人知。退休後，凱文在蓋爾威大學學院（University College Galway）教授新聞學和地方政府法，該學院目前已成為愛爾蘭國立大學的一部分（the National University of Ireland）。凱文是個虔誠的教徒，樂善好施，也在聖文生修會（the St Vincent de Paul Society）服務，直到一九九四年過世為止。

我們家裡從來不認為只有男孩子應該受教育。茉拉是老三，念完小學後，負笈林穆瑞克就讀技術學院。但是，她早就體認到無法在愛爾蘭成就什麼事業，因此便前往美國，先到紐約投靠幾位阿姨和舅舅。他們熱誠以對，也幫她在那裡找到工作。後來，茉拉嫁給來自凱瑞郡（Kerry）的湯姆．歐康納（Tom O'Connor），搬到芝加哥去了。

茉拉下面是個叫艾琳（Eileen）的孩子，但九個月大就因為肺炎過世了。我母親從未克服艾琳死亡的悲痛，一直叫她「小艾琳」，所以我們從小到大都會提到「小艾琳」。艾琳之後就是我，還有一個死胎的小男孩，但從來沒有他的出生紀錄。我一直想到我父母所承受的哀慟。在當時尚未開化的愛爾蘭（在澳洲也是一樣）大家只會鼓勵有死胎孩子的父母要放下，繼續過他們的生活，不要悼念，甚至不要承認有過這些孩子。幸好，現在我們贊成對死胎進行哀悼，就像哀悼其他不幸夭折的孩子一樣（原註：在一九九五年一月之前，愛爾蘭不將死胎視為生產。在這之後，如果嬰兒至少有五百公克重、或胎齡至少有二十四周，則發生在愛爾蘭的所有死胎都必須登記）。

家中前三個小孩的教育費相當可觀。等我要念中學時，教育基金已經全部花光。由於我也繼承了父母對教育的熱誠，因此我非常非常失望。但是，我並未憤恨不平，因為我非常清楚他們要多麼努力才能給尚恩、凱文和茉拉讀書的機會。因此，我在家裡待了兩年，而且是唯一沒有去艾尼斯或其他地方念中學的孩子。後來，我加入科克的一個女青年組織，打算前往澳洲成為慈善修女會（Sisters of Mercy）的修女。

排行老五的是路易。他去艾尼斯念中學，但罹患了慢性支氣管炎。當時的宿舍都相當潮濕，所以我父母擔心他會變成肺結核，當時那是非常恐怖的疾病。所以，他回到家裡的農場工作。等到我母親要將土地交給孩子繼承之時，她一一寫信給我們，詢問我們是否願意把農場給路易。我們都已經找到自己的志業，因此都欣然同意。我們每個人都簽了一份讓渡書，讓路易變成業主。他熱愛務農，而且在他接手後，也讓產業發展到巔峰，並適時取得更多土地。他娶了來自林穆瑞克的布蕾妲．尼希爾（Breda Nihill），生了四個孩子。路易被公認是全家最聰明的小孩，而他確實也將發明力和創造力運用在工作上的各個層面，包括他改造的機械。將供水系統引進農場的就是路易，從此不需要來回從井裡打水。

妞拉完成學業之前，以為自己可以成為艾尼斯慈善修女會（the Ennis Sisters of Mercy）的一員，但結果令人相當失望。所以她決定來提姆里格（Timoleague）找我，因為當地的慈善修女會接受志願前往服務布里斯本修會的試修生。我為了妞拉的決定而感謝天主。如果沒有她一直在身邊陪伴我、傾聽我、為我祈禱、鼓勵我，那我的生活將會非常寂寞。

人家都說將生命奉獻給天主的人犧牲很大，特別是那些必須離鄉背景的人。確實，離開家人的痛苦有時令人難以承受，但我認為父母親的犧牲更大。當妞拉決定加入慈善修女會前往澳洲之際，更是如此。像我們這樣一個大家庭，每個人都有自己的角色要扮演，而妞拉就像是我母親的右手。妞拉一向都很溫和、安靜、善解人意，不用人叫就知道該做什麼，大大減輕了辛勞的母親的負擔。相反地，我就不是居家型的女孩。我母親非常想念妞拉，但她並未怨恨天主。

米克是家裡的老七，他也去了艾尼斯念中學。米克也很溫和，但是個冷面笑匠。在他成長的階段，我和妞拉人在澳洲，但他跟我們保持密切的聯繫。他娶了瑪麗．狄倫（Marie Dillon），就像娶到了寶藏，他們也變成志趣相投的一家人。他們生了三個孩子，我們都還和他們有連絡。他們住在提布瑞利郡（Tipperary）的克隆美鎮（Clonmel），而米克和瑪麗都是高爾夫高手。無論刮風下雪，什麼事都無法使米克拉離高爾夫球場。他甚至還在國際賽中當過愛爾蘭隊的隊長。他後來變成德士古石油公司（Texaco）的業務代表，他熱情外向的個性，使他無往不利。米克無論在哪裡都很受歡迎，他溫暖高亢的嗓音也為人所喜。

我和妞拉前往澳洲之時，吉姆還只是個穿短褲的小男孩。二十年後，我第一次返家，根本認不出來香農機場接我的那個帥哥是誰。吉姆已經取代了凱文的位置來幫助我們，只要我們需要愛爾蘭的什麼東西，他都辦得到。當我們返鄉度假時，他和美麗的妻子瑪俐也在都柏林的家中熱誠接待我們。吉姆後來成為老師，不久之後，就被任命為富沙小學（Scoil Fhursa）的校長。當時那是全愛爾蘭最大的學校，有將近一千四百位四到十二歲的學生。富沙小學位於西吉爾摩爾區，在當時是都柏林經濟狀況最不好的區域。他認為他的工作就是讓孩子的學校生活盡可能快樂，他們才會有動力繼續求學。很多學生的確如此。吉姆以前的一個學生現在是歐洲議會的議員。瑪俐和吉姆有三個孩子。吉姆和瑪俐也和米克和瑪莉一樣，都熱愛以高爾夫球消磨時間。他們家裡擺了這些年來贏得的沃特福德（Waterford）玻璃獎盃，就是最好的證據。

家裡最小的孩子是烏娜，又是高爾夫球的愛好者。她也是個老師，任教於克蘭尼小學，我們都在那裡受過教育。烏娜一直伴著母親，直到她過世。她獨力照顧母親，只有在其他家人來訪時，才能喘口氣。這麼做讓烏娜犧牲很多。雖然她是志願的，但我們都知道欠了她非常大的人情。烏娜的家面對著我們出生的房子，就在六叉農場的六條叉路中的兩條對面。她的大門永遠為我們而開。透過烏娜，我們得以和兒時玩伴保持聯繫。我們也和她同遊了兒時的鄉間小路。

鄉下人永遠都非常好客，也很熱心幫助鄰居。我記得有一天開著烏娜的車要去離我們最近的「大城」吉爾拉什（Kilrush）。我們行經一個十字路口，結果看到一長串的車陣，無法動彈。在寂靜的鄉間小路上，這種景象有些不尋常。我問烏娜是什麼耽擱了，她卻一副理所當然的口吻說：「前面有兩個駕駛在講話。」我認為那兩個人有些自私，但烏娜卻驚訝地看著我說：「他們下次要碰面都不知道是什麼時候了。」她的回答讓我想起鄉下人之間天生的禮貌。這件事讓我發現自己已經遠離了他們的生活方式和價值觀。烏娜以驚訝的口吻看著我問：「你該不會要我們改變吧？」

以澳洲人的標準來看，我們的農場很小，但以二十世紀中葉的當地標準則不然。跟比較大的農場一樣，我們家的屋頂是石板瓦，而不是小型農場常見的茅草屋頂。五十六英畝大的農場，可生產足夠的小麥來養活十二口之家幾乎一整年。一旦播種後，我們就會每天看著新麥苗竄出來。我們會用手指來量小麥的生長速度，小麥長愈大，我們就愈高興。小麥的收成對我們非常重要。打穀後，麥子就被裝進袋子裡，然後放在廚房，避免潮濕，然後再磨成粉。收成的供應量可以讓我們幾乎吃一整年。

有一天早上，悲劇發生了。鄰居的幾匹馬在夜裡闖進農場，把生長中的小麥全部踩壞了。我還記得父母臉上的表情。他們一整年的收成全泡湯了。他們只能重新犁田，再種新的。因為那是鄰居的馬，他們既不採取行動、也不抱怨。身為小孩的我們，也和父母一樣為這件悲劇感到難過。我仍然記憶猶新。

我們很清楚家裡的經濟狀況，也希望父母有足夠的錢來應付食指浩繁的需求。我們也知道父母為我們盡心盡力。我們不曾感到匱乏，也知道沒有父母應付不了的危機。我們覺得十分安全，每個人都備受疼愛。有一次，經濟壓力已經超過負荷，有個阿姨拿了一些錢給我父母。不幸地，我認為她玷污了這個慷慨的舉動，因為她還順道訓了我父母一頓！我父母從來沒在銀行開過戶頭。餘錢就放在父親的外套口袋裡，而外套就掛在衣櫥裡，父親和母親有需要時，隨手就拿得到。我們小孩子絕對不動那些錢。我們知道父母很需要。

困苦而滿足的農村

即時到現在，困苦拮据仍是務農之家永遠的問題，愛爾蘭西部的狀況更嚴重，因為當地的土壤比內地貧脊，而且大西洋的海風和浪花也會傷害植物。克倫威爾故意將英格蘭地主帶進愛爾蘭，把愛爾蘭中心和西部的肥沃土地給了他們，並將愛爾蘭原住民驅逐到西部，特別趕到梅奧（Mayo）和克萊爾那些永遠貧脊的土地。克倫威爾手下的一個士兵甚至宣稱西部荒涼到連一棵可以吊死人的樹都沒有、連要把人淹死的水都不夠、連要埋人的土都不夠。

愛爾蘭的農家都習慣用最經濟的方式來務農。在十九世紀，農產品對愛爾蘭的經濟相當重要。當時沒有龐大的礦產、也沒有大型工廠，只有紡織業是可以依靠的後備。十八世紀的昇平時代造成人口增長及穀物價格上揚，對富饒的牧草地帶來頗大的壓力，牧草地也不斷地被分割，作為耕種之用。農家以健康的馬鈴薯飲食為主，頗為經濟實惠，因為馬鈴薯的產量遠超過穀物的收成。穀物可當作經濟作物。可以這麼做的父親們，就將農地分割給兒子們維生。沒有土地的愛爾蘭人就開墾山野和沼澤，努力將之變成耕地。

在十九世紀早期，人口增長更加快速，失業率也因而升高。超過三十英畝的農場只占百分之七，而百分之四十五以上的農場只有五英畝大、甚至更小。儘管如此，三分之二以上的愛爾蘭人依賴農業維生，並以馬鈴薯為主食。在一八四五年，爆發了一種稱為馬鈴薯晚疫病的真菌病。此疾病在一八四六年大規模再現，造成經濟災難、大規模飢荒，並爆發「回歸熱」（famine fever）。一八四七年二月的暴風雪使慘狀雪上加霜，迫使大批鄉下人不得不離開愛爾蘭。

到一八五一年，愛爾蘭的人口已銳減到六百五十萬人，比一八四五年少了兩百萬人。另有兩百萬人移民，總共比一八四五年的人口少了四百萬人。美國、加拿大和澳洲因愛爾蘭移民湧入而漁翁得利。散居海外的愛爾蘭移民和祖國之間的強烈連結，變成了他們入籍國的歷史中永恆不變的主題。我也認為那些非志願來到澳洲的愛爾蘭罪犯，無論男女，都對澳洲的發展有所貢獻。

舉個重大的例子來說。九個年輕人因為參與一八四八年的暴動而犯了叛國罪，在維多利亞女王減免他們的死罪後，被驅逐到各個殖民地。到達澳洲後，莫里斯．林恩（Morris Lyene）變成維多利亞省的檢察總長，麥克．愛爾蘭（Michael Ireland）後來接掌這個職位。查爾斯．蓋文．達菲（Charles Gavan Duffy）變成為維多利亞省政府的部長，並在一八七〇年組成一個皇家委員會，研究成立澳洲聯邦的可能性。此事在他一九〇三年過世前，已然成功。其他六人分別在美國和加拿大變成傑出的政治領袖。另一位因為參加暴動而被送走的叛亂份子是凱文・伊佐德・歐道爾提（Kevin Izod O'Doherty），來到荷伯特（Hobart）行醫，然後又搬到布里斯本，他也在當地被選為立法委員。

在愛爾蘭移民延續不斷的故事中，我母親的兄弟姐妹是自願的移民者。他們離開了農場，在我小時候，據說那個農場可生產小麥、燕麥、大麥、馬鈴薯、蕪菁、歐洲蘿蔔（防風草）和甘藍菜。丹恩舅舅和我父親分擔農場上的工作，但策劃農場經營的人其實是爸爸。丹恩舅舅對於春天種植馬鈴薯種薯一事，一絲不苟。每一畦都必須直挺無偏，並警告要是馬鈴薯種薯種不平均，我們就會倒大楣。丹恩舅舅負責植物的播種，但我父親要負責整地。我父親熱愛馬匹，在栽種馬鈴薯種薯和蕪菁之前，先將田地犁成一畦又一畦，再駕著馬匹將土耙鬆，就是他最快樂的事了。我們從不用人工肥料，唯一的肥料就是牛糞。

小時候，我會跟著母親去摘晚餐要吃的蔬菜。有一次，她正準備割下一大顆甘藍菜，結果菜葉裡堆積的雨水都流進她的鞋子裡。我看著她濕漉漉的鞋子，滿心沮喪地說：「甘藍菜裡的水好多。」我一直忘不了這句話，多年以後仍然如此。

我們通常有十二頭牛來供應一整年的牛奶、黃油和奶油。牠們每年都會生小牛，有幾頭小牛會被留下來取代老牛。牛隻很珍貴，也是餵飽我們的重要因素。如果有某一頭牛死了，全家都很難過。我們不僅瞭解牠們對父母親的必要性，我們也熟悉牠們，就像朋友一樣，而且每一隻都有自己的名字。

我母親常常唱歌，在屋子裡唱、早上和傍晚擠牛奶時也唱。她是個快樂的人，虔誠地信仰著天主，依照耶穌指示的原則來生活和工作：「你們先該尋求天主的國和祂的義德，這一切自會加給你們。」

我們有時也會幫忙擠牛奶。我們有些害怕其中的幾頭牛，因為牠們會在毫無預警的情況下踢到桶子，更嚴重的是會踢到我們，並且打翻珍貴的牛奶。這個每天兩次擠牛奶的例行工作曾經發生過一個小插曲，讓我瞭解我母親其實並不完美。有一天，有頭小牛踢到她的脛骨，在劇痛之下，我真的聽到她咒罵那頭牛！

我母親從經驗中得知，如果對牛唱歌，牠們也會很樂意讓你擠牛奶。所以，我們跟著去的話，都會聽到母親唱一些湯瑪斯．摩爾（Thomas Moore）《愛爾蘭旋律集》裡的歌曲，像是：〈水的對話〉、〈靜夜守護者〉、〈艾琳的往事只能回味〉等。家裡一向都有音樂，那部小小的留聲機讓我們認識了當時聞名全球的男高音：約翰·麥克克瑪克（John McCormack）、李查·陶伯（Richard Tauber）、理察·克魯克斯（Richard Crooks）、還有後來的法蘭克·派特森（Frank Patterson）。我們會唱吉伯特與蘇利文的輕歌劇，我們也知道很多愛國歌曲，還滿懷熱情地唱出來，我們也都知道怎麼跳吉格舞、蘇格蘭雙人舞和號笛舞。

我們也養豬。如果母豬生小豬，我們都迫不及待地算算有幾隻小豬仔（愛爾蘭語稱為bonham）。當然是愈多愈好！母豬快生時，大家都非常興奮。我經常協助母豬生產，特別是父母親非得出門的情況。他們跟我說：「我們可以放心把這件事交給你。」這對我是很大的讚美，因為我對農場的其他工作都不上手。

新生的小豬對我們的生計貢獻很大。我們會養小豬幾個月，然後帶到市集賣掉。如果順利的話，牠們一天就可以賣不少錢。市集當天晚上，父母親和我們九個孩子就會圍坐在廚房的爐火旁。我父母會算算要如何花當天賺的錢。如果聽到賺的錢還不夠買某件東西，我就覺得當天買下那些豬或牛的人要是多付點錢給我父親就好了。除了被賣掉的豬隻，我們也會定期殺一隻，才有肉吃。我父親不曾殺過豬。他沒那個膽量。有個鄰居會來做這件事，這也不是我們樂見的。

每一年，牧草地上高聳的雜草必須割除，但草地上也會長出櫻草和毛茛，我們會摘來佈置家裡。小時候，都是人工拿著鐮刀，汗流浹背地鋤草。我們照慣例請鄰居幫忙，接下來要貯存乾草也是一樣。貯存乾草要先甩動草料曬乾，然後堆成稱為「乾草垛」的小堆，再堆成稱為「草條」的大堆。全家同心協力做這件事，我們也很高興能和朋友在草地上度過一整天。當然，鄰居間的互助有來有往。我母親和茉拉會端著茶、牛奶罐和麵包出來給我們吃，大家就坐在草地上，享用點心。百萬富翁也吃不到如此的美味佳餚！

數週後，如果天氣仍好，曬乾的草料就由馬車拉到樹林裡的空地，再小心地堆疊起來，稱為「乾草捲」。這天通常是令人興奮的日子。我們會坐在乾草堆上，隨著馬車將草拉到空地。乾草捲會用禾桿綁住，以免受到冬天潮溼又惡劣的天候影響。在冬季，因為叢草不生，牛隻都待在室內，必須用乾草餵養，所以乾草非常珍貴。多年以後，路易繼承了農場，經濟狀況也比較好了，就在空地上建了幾個大工棚，用來存放乾草。我們一直都有「牛舍」來讓牛隻過冬。乾草就用來餵牛，直到春天來臨，牛隻才會在田野裡自由自在地漫步。

我們有一匹馬叫做比利，全家人都很愛牠。除了在田裡犁田，比利還載著我們去望彌撒、去八英里外的吉爾拉什購物，甚至去到十八英里外的艾尼斯。最後，比利罹患風濕症，應該要讓牠安樂死的，但沒有人能對這個忠實了朋友下得了手。鄰居好意讓牠在他們的牧場上度過餘生。我在科克郡的提姆里格當見習修女時，有一天收到了母親寄來的信。信上說：「我希望你不要難過，但是，比利昨晚過世了。」我奔出屋子，跑到後街，獨自嚎啕大哭。如果我說自己因為一匹罹患風濕症的老馬而哭，會有人瞭解嗎？

無論冬天或夏天，夜晚都很美好。冬天時，母親會在睡覺前幫我們煮一碗滾燙的燕麥粥。這些記憶永不褪色。當我們圍坐在熊熊燃燒的炭火旁，冰雹、雨水、甚至雪都打在屋子上，但我們心中一點也不害怕。我們覺得非常安全而滿足。父母都在身邊，我們也會一直團聚一堂，我們當時是這麼想的。我們絕不會省掉的儀式，就是跪著唸玫瑰經，而且一定是背對著溫暖的炭火。因為有五段要唸，而且每個人都搶著要唸，所以總有幾個人輪不到。玫瑰經跟隨著我們到世界各地，讓我們心中充滿了對虔誠的父母神聖的記憶，就算身心俱疲，卻從不曾忘記這些古老的祈禱詞。然後，我們會圍坐在火旁，鄰居來串門子，坐下來聊幾個小時、玩牌、說故事、喝茶、配上自製的黑麥麵包或思康餅，都是我母親親自做的。我們從不知道誰會來，但通常都是高朋滿座。

最吸引人、也最恐怖的時刻，就是鬼故事時間。因為這些故事巨細靡遺、栩栩如真，我們小孩子都被迷住了。這些故事聽起來也非常可信。我們知道精靈或鬼魂住的路段。有些鄰居的名字也會出現在這些靈界事件中。有個鄰居很容易受騙，所以我父親就善加利用這一點，讓那個鄰居驚惶失措，而爸爸卻暗自竊笑。

無論冬夏，我們每天都走路上學。靠近馬克家的路上有塊空地，大家都知道那個地點要快速跑過，特別是冬天傍晚，四點左右就天黑了。據說那個地方鬧鬼，會有詭異的燈光和早已過世的人出沒。我們聽說過有拉車的馬兒耳朵上掛的是閃亮的燈。當幽靈馬車手從馬耳上輕輕揮過燈座，燈就變成了馬鞭。鬼魂既友善、又神祕。精靈就截然不同了。環繞成圓形的樹木被稱為「堡壘」，據說是某些精靈的家。他們不喜歡被打擾、也不喜歡訪客，所以我們都會避開堡壘。離我們家不遠處，有個鄰居的農場上就有一個堡壘。我們覺得有點害怕，都會刻意避開。時至今日，愛爾蘭很多這樣的堡壘依然保持原狀。

《李爾的孩子》傳說

正如精靈世界的奇異現象，古老的神話和傳說也很吸引我們。從小到大，這些透過口述和文字傳承下來的故事，令我們深深著迷。在每一個傳說中，總會有個英雄人物，當然，也會有令人厭惡的壞蛋。有個我們很喜歡的傳說，主人翁是善良的李爾（Lir），他的妻子死後留下四個孩子：女兒費歐紐拉（Fionnuala）和三個兒子艾德（Aedh）、費亞查（Fiachra）、及康恩（Conn）。由於李爾摯愛的妻子早逝，他便娶了他的小姨子歐艾菲（Aoife），幫他的孩子找個母親。

李爾非常愛他的孩子，引起後母忌妒不已，因此她決定讓孩子離開他們的父親。有一天，歐艾菲趁著李爾不在家，將四個孩子帶到一個偏遠的地方：威斯米斯（Westmeath）的戴瑞瓦拉湖（Lake Derryvaragh）。她命令隨從在那裡將四個孩子殺掉。由於她的隨從不從，她便施魔法、下咒語，將孩子變成四隻白天鵝。她將他們驅逐九百年：三百年在湖裡、三百年在愛爾蘭和蘇格蘭之間的莫爾海，另外三百年在大西洋冰冷的海水裡。歐艾菲對孩子下了咒語後，她也稍作妥協：「既然我無法減輕你們的痛苦，我要讓你們保有說話的能力，你們也會有美妙的歌聲，哀傷而空靈的歌聲遠勝於世界上的所有音樂，聽到的人都會因此睡著了。此外，你們也會保有人類的理智。」為了處罰歐艾菲殘酷的行為，宗族裡的一員便將她變成「惡魔的空氣」，她尖叫著飛走，再也沒人聽到她的消息。故事到這裡，我們不禁額手稱慶！

李爾發現孩子不見了之後，便要求將他的戰車上軛，帶著隨從千里尋子。他們在戴瑞瓦拉湖停留，很驚訝聽到四隻白天鵝跟他們說話。大驚之下，李爾一行人詢問他們為什麼會說人話。費歐紐拉告訴她父親其實他們就是他的孩子，但被歐艾菲下了咒語。聽到這些話，李爾和隨從悲從中來地大哭，不絕於耳。為了安慰父親，費歐紐拉解釋他們仍保有人類的理智和說話的能力，而且他們有非常美妙的歌聲，讓聽過的人都不再想要其他的快樂。三百年來，李爾和隨從就在湖邊紮營，跟天鵝說話、聆聽他們美妙的歌聲。

然而，時候到了，他們必須離開朋友、離開他們深愛的湖邊，前往波濤洶湧的莫爾海。對留下的人而言，這是莫大的悲傷。他們訂了一條法律，到處宣佈從那天開始，任何人都不能傷害艾林的天鵝。即使偉大的湯瑪斯・摩爾，這位為人熱愛的詩人和作家，也忍不住為李爾的孩子所承受的悲劇而難過。他寫道：

無聲，莫爾海，別讓你的水聲繼續悲嚎，
別讓你的微風，破壞你的寧靜，
淒然的低語，是李爾的寂寞女兒
對著夜星敘述她哀傷的故事。

（譯註：此詩為譯者自譯）

在莫爾海，四隻天鵝遭遇到暴風雨，在岩石間衝來撞去，有時還被惡水分散了。最糟糕的是，他們處在全然的孤寂中。費歐紐拉像母親般地照顧弟弟，在霜凍下雪的夜晚，張開羽翼保護著他們。

終於，到了他們放逐之路的最後一段。他們來到哥羅拉島（Inis

Glora），這是在愛爾蘭大西洋沿岸梅奧郡外海的一個小島。在這裡，有個善心的農夫跟他們當朋友。他們把自己悲慘的故事告訴農夫，因而從他開始流傳至今。變成天鵝的孩子因為聽到福音鐘的聲音而驚恐，但一位當地隱士告訴他們基督教的事情。當他們的放逐終於結束時，發生了一件恐怖的轉變。美麗的天鵝變成四位憔悴的老人。但想到他們的年歲，這也不足為奇。後來他們受了洗。臨終之際，費歐紐拉有一項請求：「把我們葬在同一個墓穴裡。將康恩放在我的右手、費亞查放在左手、艾德放在我臉前，我就是這樣呵護著他們，度過莫爾海的許多冬夜。」然後，他們就上天堂了。

在所有的凱爾特傳說中，大概沒有比《李爾的孩子》更溫柔、更動人的故事了。我和妞拉於二〇〇九年造訪新加坡，有幸去拜訪愛爾蘭駐新加坡大使李察·歐布萊恩醫生（Dr Richard O'Brien）和他的夫人柏娜黛德（Bernadette）。我們在他們家裡，很驚訝地看到一件壯觀的雕塑品，創作者是已故藝術家喬瑟夫·麥克納利修士（Brother Joseph McNally），被稱為「愛爾蘭與新加坡之子」。這件雕塑品生動地刻畫出四隻天鵝立在一個孤單的水池裡，祈求地望著他們的後母。對我和妞拉而言，天鵝具有特殊意義，即使在我們生命中的這個階段。我們不僅被雕塑品深深吸引，也喚起我們幼時深愛這則傳說的回憶。

我們對神話和傳說的認知，有些來自於閱讀，因為我父母鼓勵我們閱讀，老師則加強我們閱讀。我們的學校很小，離家兩英里遠。克蘭尼小學有三間教室、三位老師、名單上有大約一百個學生。這是所快樂的小學校，每天放學時，克蘭尼小學的所有學生都一起走路回家。我不太記得每天在學校生活的細節，但我不可能會在那裡有什麼不愉快的經驗。但我記得，當督察來的時候，聰明的學生就被移到前面的桌子。這是項榮譽，通常都是我們家獲得這項榮耀，因為大家都認為我們很聰明。看來我父母的影響見效了！

我姑姑是我們第二個老師，我們都叫她「道爾老師」。她不會喜形於色；事實上，我們認為她對我們比其他學生還要嚴格。但是，在寒冷的清晨，如果我們帶著三明治和牛奶當午餐，她會把牛奶瓶拿去放在火邊。等我們要吃午餐時，牛奶就會是溫熱的。

道爾老師相當有音樂天份。她會在學校彈鋼琴、在教會彈風琴。她教我們唱拉丁經文歌和葛利果聖歌，包括安魂彌撒曲——一般鄉下小學不會教的東西。到了我們舉行堅振禮之時，我們的唱詩班會的曲目眾多，讓主教喜出望外。我們也從她身上學到所有關於愛爾蘭爭取獨立的愛國歌曲。雖然很愉快，但我還是很高興要換到另一間教室了。

我們的新老師是穆爾昆恩老師（Mr Mulqueen）。他對我們家很有興趣，也鼓勵我們每個人繼續求學。他精通英語和愛爾蘭語，他啟發了我們的心智，讓我們透過學習發現許多奇妙之事。最後，烏娜終於完成都柏林慈善修女會（the Sisters of Mercy in Dublin）在蓋瑞斯堡學院（Carysfort College）主辦的師訓課程。她一取得資格後，就開始和穆爾昆恩老師在克蘭尼小學共事。之後，烏娜在蓋爾威大學（Galway University）取得學位。這是件不容易的事，因為她必須自己找時間讀書，而且得花兩小時車程才到得了蓋爾威大學。

即便在小學，學校裡的讀本也展現出寫作的程度，引領我們進入經典英文文學的殿堂。這些讀本收集了當代和過去重要的愛爾蘭和英格蘭作家的作品摘錄。從湯瑪斯．戴維斯（T. Davis）、GK卻斯特頓（GK Chesterton）、山繆．佛格森（S. Ferguson）、湯瑪斯．莫爾、派崔克．皮爾斯（P. Pearse）威廉．華滋華斯（W. Wordsworth）、丹尼斯．佛羅倫斯·麥卡錫（D. F. McCarthy）的散文和詩作裡，讓我們對週遭之美感到驚奇。這些作品讓研讀歷史和英文變成一段迷人的旅程。我們甚至在小學就讀過莎士比亞，而造訪學校的流動圖書館更提供了額外的心靈滋養。從小到大，我們都非常欣賞口語和書面文字的價值。

我記得有位小學同伴對半空中的電線有所評論。那些電線雖然必要，但卻不雅觀，破壞了質樸的愛爾蘭鄉村景觀。他說那是「天上的刺繡」，明顯看得出他對經典英文有多麼熟悉。我不禁好奇現在的愛爾蘭年輕人都讀些什麼東西。近幾年我們去愛爾蘭時，經常在電臺、電視和舞臺上聽到不雅的言詞。我認為這是語言能力不足。或者，這是因為年輕人不願意承認我們擁有豐富的文學遺產，反倒喜歡模仿通俗、流行的語言？當然，我現在只是個偶爾造訪愛爾蘭的過客。當我到愛爾蘭時，會盡量避開那些無謂的穢語，但令人難過地，那些話現在在澳洲也是經常出現。此外，有些愛爾蘭人似乎存在著自卑感，這是過去遺留下來的後遺症，似乎故意貶低基督教的信仰和某些基督教慣例，特別是在公開場合。不禁令人懷疑愛爾蘭人是否仍在為獲得接納和認同而掙扎。

然而，我必須接受愛爾蘭社會已經改變的事實，而我小時候熟悉的作法現在也不普遍了。這讓我想到外公之死。我外公一直跟我們住到一九三二年，那時我七歲。我對外公的記憶非常鮮明，他經常帶我散步，給我糖果，他都會在口袋裡放糖果給我們吃。我記得跟外公一起沿著大道走，只有我們兩個，像大人一般地聊天，至少我是這麼想的。有一天，他坐在一道牆上，叫我回家去叫母親過來。我們三個應該想辦法走回去了，那段路差不多有半公里長。

幾天之後的晚上，我記得醒過來時聽見母親在哭，因為她父親，也就是親愛的外公，已經過世了。根據當時的習俗，要在家裡守靈。外公的遺體整夜放在家裡，鄰居可以過來致意。大家一起分享感人和有趣的回憶，和親朋好友一同享用飲料和餐點。這項古老的習俗可以撫慰那些剛失去親人的人。這是個神聖的習俗，但在現代的愛爾蘭，只有鄉下會這麼做了。對我們孩子而言，那是我們第一次面對死亡。對我而言，外公已經不能再回應我呼叫幫忙的請求，是令人難以理解的事情。我記得自己還天真地走到床邊，看著他躺在那裡，就跟往常一樣開口問：「外公，你能不能幫我綁鞋帶？」

我父母不會對我們隱瞞死亡之事。確實，我們經常公開討論，而且我們也知道，終有一天我們必會再度團聚。雖然我們非常想念他們，但我們認為逝者就在身邊，而且我們也會持續尋求他們的協助。人們感受得到已逝的人仍在身邊關愛著我們，而我很高興這種愛爾蘭思想的特徵仍然存在著。我們經常為逝者舉行彌撒和祈禱，特別是在他們的忌日。

我有另一個不朽的記憶，我發現一件跟澳洲原住民有關的事。愛爾蘭人也有與大地合一的意識。大自然被視為天主之美的直接映象，緊密連結了天主和祂所創造的一切。愛爾蘭人對動物也很敏感，這是我和妞拉回家度假時發現的。有一天晚上，我們在烏娜家睡覺，牛的叫聲讓我們睡不著覺。那些牛是亞德利安養的。他是我們的姪子，就住在隔壁。後來我們對亞德利安問到牛的事，他很溫和地回答我們：「昨天，我把小牛和母牛分開，牠們整晚就這樣隔著馬路和彼此說話。今晚就會比較好了。」

愛爾蘭人的生活脫離不了雨，但愛爾蘭人從不擔心下雨。我曾經在一個劇本中讀過一句話：「我們大部分的日子會下雨，好天則會有薄霧。」有一天，烏娜打算帶我們去艾尼斯，剛好就印證了這件事。早餐時，我們跟烏娜說下雨可能讓我們去不成艾尼斯。她的反應解答了這件事：「如果下雨就得待在家，那我們哪裡都不用去了。」

我的愛爾蘭血統

我們都是被自己出生的家庭和文化塑造出來的。亞德利安對牛的認知、烏娜對雨的容忍度、阻礙交通的長舌駕駛，都是溫和的「愛爾蘭風」的例子。塑造我們家的例子，有些就比較殘酷了。在我小時候，甚至幾十年後，愛爾蘭都為貧窮所苦。儘管愛爾蘭已經在一九二二年獨立了，但遭受欺壓八百多年，還是有後遺症。

我念完小學後，更加清楚那些年代對我的家庭造成的影響。我在一九三九年八月滿十四歲，就在第二次世界大戰爆發前兩週。也許很奇怪，但我記得這開始了我生命中一段特殊的時間。愛爾蘭是個中立國，而我們遠在內地的克萊爾郡，戰爭的影響微乎其微。事實上，我後來才知道許多愛爾蘭人都在同盟國中服役，還有四個人被授予維多利亞十字勳章，頗為驚訝。對我比較重要的是，戰爭時期有兩年我在家，跟在母親身邊工作，分攤她大量的責任。

我可能沒幫上什麼忙。母親叫我去鋪床時，我承認自己浪費了寶貴的時間去閱讀任何唾手可得的書本。通常，家人會在床墊下發現食物，這說明了為什麼我會花那麼長的時間去做一些小事！然而，那兩年對母親和我而言，都非常珍貴。我開始以成人的角度來認識她，是個真實的人，不僅僅是「媽媽」。我對她的生命、她關心的事物和信仰、她的家族史，都有比較深的瞭解。

她的父親強尼．萊恩生於一八五九年，經歷過馬鈴薯飢荒的可怕後果。他跟母親講過貧窮有多恐怖、也講過佃農因為付不起租金，被英國地主殘忍地驅逐，迫使他們離開土地。他們也經歷過殘忍的對待，看見英格蘭士兵對著農舍開火讓他們回不去。

雖然我年輕時就離開愛爾蘭，也許正因為如此，我向來對愛爾蘭的歷史很感興趣。米契爾（GF Mitchell）的話讓我產生共鳴。他說：「每個人對過去都有興趣：不僅是自己的過去，還有他們所屬的社會。過去造就了現在的我們，我們一定都曾在某個時刻問過：我是從哪裡、從何而來？」

許多家族的口述歷史，像我們家的，還有文獻和歷史作品，都提到飢荒。飢荒迫使許多家庭住進令人憎惡的濟貧院，睡在滿是蝨子的稻草堆上。玉米粉、燕麥片、黑麥和牛奶之類的食物，都經過嚴格的配給。食物不夠時，被稱為乞丐的他們就必須吃至少一整個星期的蕪菁，直到補給品送到為止。這些都發生在吉爾拉什的濟貧院裡。吉爾拉什距離我家農場只有八英里遠。《濟貧法》督察曼恩隊長（Captain Mann）在一八四六年的報告裡，詳述了那些時代不人道的行為：「在吉爾拉什碼頭的路上，我們上被裝滿穀物、黃油和培根的馬車擋住了。那些東西都要被載到船上，準備外銷。這是相當反常的行為。」這何止是反常而已。那些飢荒的人看見馬車載滿可以救命的食物，但卻都是要外銷的，光是想到這裡，簡直駭人聽聞。這是不人道的行為，必須嚴加譴責。

「公誼會」（the Religious Society of Friends），或通稱為「貴格會」（Quakers）派了兩名觀察員到克萊爾郡。他們回報：「……土地屬於在外地主，但他們根本沒拿出一毛錢來紓困……到處都有飢荒、貧窮和疾病，沒人避得掉，一個接一個家庭埋進開放的貧民墓地……」貴格會依照慣例設置了流動廚房，不僅是在克萊爾郡，而是全國各地。他們建立工廠，讓失業的人可以工作領薪水。因為他們實際的幫助和善心，貴格會獲得愛爾蘭人永遠的喜愛與感激。

在距離我家八英里之處，克洛福頓・莫爾・范德爾上校（Colonel Crofton Moore Vandeleur），愛爾蘭最惡名昭彰的地主之一，還在舒服地過日子。克萊爾郡的人到現在仍會提到他的惡行。在一八四七年，即使飢荒的影響已經很明顯了，他還是從佃農身上抽稅來維持他的產業。我們從父母那裡常聽到他的名字和名聲。他對佃農的待遇是最為人譴責的：

> 對於持有小於四分之一英畝土地的房產稅，應由地主負責。因為汎德爾大部分的土地都被切割成小塊，由數千位貧困的佃農耕種，所以他試圖將持有土地結合起來。結果，他在一八四七年後期發出了六千多份驅逐通知。迫不及待的汎德爾雇用一名當地地主馬可仕・基恩（Marcus Keane）來監督驅逐工作。他的舉動導致數百位佃農發現他們的農舍被摧毀了、他們被禁止進入產業，還被判流浪罪，只能生活在路邊破爛的避難所，撿破爛維生。
>
> ——珍妮佛・哈里遜（Jennifer Harrison）：〈舊時飢荒今日福：亞瑟・甘迺迪爵士的生涯〉（Old world famine, new world plenty: The career of Sir Arthur Kennedy）

我母親從外公那裡聽到這個故事。因為當時普遍需要慈善協助，許多食物來源終告結束。最後，甚至連貴格會也無法再提供食物和衣物。有趣的是，早在一八四七年，吉爾拉什就有第一個聖文生修會團體的足跡。

艱苦的時代

根據我從小到大自父母那裡學到的、以及根據我後續的研究，我的結論是愛爾蘭的歷史和土地密切相關，特別是跟耕地所有權（或缺乏所有權）有關。但令人驚訝的是，我不記得我父母曾經談過萊恩家族在取得土地之前必須付給外在地主年金稅。他們應該和愛爾蘭的其他農民一樣，把年金稅視為理所當然。事實上，我直到二〇〇九年在愛爾蘭碰到歷史學家吉洛伊得．歐圖阿瑟（Gearoid O'Tuathaigh），才首次聽說年金稅一事。

在十九世紀末期，因為實施《愛爾蘭土地法》而產生年金稅。然而，早在好幾世紀前，諾曼人和英格蘭人入侵之際，就已經有年金稅的蹤影了，而後者更逐漸在全愛爾蘭建立自己的規定。下一段引述說明了早期英國數百年來對愛爾蘭政策的態度：「在十二世紀末期和十三世紀，愛爾蘭是英格蘭國王用來酬賞忠誠部屬的地方。在這塊地區的大部分，君王能維持正義和秩序，並能提供保護。愛爾蘭也是國王期待能對皇家資源有所貢獻的島嶼。」

數個世紀以來，大部分的土地都被從愛爾蘭人手上沒收充公，而他們的土地所有權也受到嚴格的限制，以確保英格蘭人在他們所征服的愛爾蘭土地上，保有土地主導權。隨著《愛爾蘭土地法》在十九世紀通過，愛爾蘭佃農可以取得政府貸款，讓他們從前任地主手上買回土地。這些貸款每年分兩期，或稱為年金，讓他們從英格蘭地主手上買回自己的土地。正如「愛爾蘭共和軍」（the Irish Republican Army）的小說家佩達・歐唐納（Peadar O'Donnell）所言，土地「本來就一直是他們的。」

我外公必須為了他在戴瑞納利卡的農場支付年金稅給在外地主斯陶德家族（the Studderts）。萊恩家族有十四個孩子，這麼多年來，他們可以持續付這筆錢，真是不容易，甚至在我母親繼承農場之後，還是一樣。我想，害怕沒有付錢而被驅逐的恐懼，應該是很強烈的動機。難怪幾乎我外公的所有孩子，也就是我的舅舅和阿姨們不得不移居美國了。

即使愛爾蘭在一九二二年贏得獨立，但愛爾蘭政府仍然繼續付給英格蘭每年高達五百萬英鎊的年金稅。在一九三二年，愛爾蘭總統暨前獨立領袖阿蒙・德・瓦勒拉（Eamon de Valera）拒絕再支付年金稅。英格蘭為了報復，宣佈他們不再購買任何愛爾蘭產品。因此，雙方開始展開「經濟戰爭」，直到一九三八年才結束。對愛爾蘭而言，這代表了另一個貧窮時期，特別影響到我父母之類的農民。難怪在一九三八年我十三歲時，才會沒有錢讓我繼續念書。

這些艱苦的時代，都是愛爾蘭人數世紀來的苦難所帶來的創傷，在一八四〇年代的「大飢荒」達到最高點。嚴峻的《英格蘭懲治法》、最好的土地被徵收給英格蘭地主及後續產生的貧困、對愛爾蘭語言和天主教信仰的壓制，都引起接連不斷的暴動，並在一九一六年的「復活節起義」達到巔峰。我發現大家通常很驚訝，原來許多愛爾蘭人並不支持起義事件，認為太過倉促草率，還有人認為只會徒勞無功。有些人甚至對那些策動起義的人懷有某種程度的敵意。特別是許多都柏林人很氣憤暴動毀了他們的城市。

當英格蘭政府在基爾馬漢監獄（Kilmainham Jail）處死起義事件的領袖時，氛圍就徹底改變了。派崔克・皮爾斯是最受崇拜的復活節起義愛國份子之一。他是個溫和的戰士、詩人、老師。皮爾斯站在歐康諾街的郵政總局的階梯上，也就是起義的主要發生地，大聲宣佈愛爾蘭為一個共和國。從小到大，我們懷著敬畏的心，深深被這項宣言所吸引。直到最近，我看到一份宣言的複本。其中的一部分寫著：

愛爾蘭男女同胞們：在神與創造了古老的民族獨立傳統的先烈們名義下，愛爾蘭，以我們之口，號召她的兒女們集合到她的旗幟之下，為她爭取自由……

我們宣佈愛爾蘭人民擁有愛爾蘭的主權，並可不受限制地決定愛爾蘭的命運……

起義失敗了，但影響深遠。處決震驚了整個國家，讓人民心生恐懼。舉例來說，詹姆斯．康納利（James Connolly）的腿已經受了傷，還感染壞疽，卻被綁在椅子上推出來槍決。總共有十四名愛國份子被處決，包括威利．皮爾斯（Willie Pearse），只因為他是派崔克．皮爾斯的兄弟。並非所有人都同時被處決，此舉更加激怒所有人，特別是他們的家人，激起國、內外對叛亂的原因產生同情。許多被處決的犯人還只是孩子。法蘭西斯．

范恩爵士（Sir Francis Vane）是英國陸軍軍官，也是鎮壓起義事件的功臣。他寫道：

處決那些所謂的叛亂領袖，用的是最殘酷、最愚蠢的方式。處決三名資深領袖，已經足以伸張正義，不需要處決十四個人，每天一、兩個，持續兩週……他們都被埋在亂葬崗，再填滿生石灰來毀滅他們的身體。

被處決的叛亂份子中，最受愛戴的是喬瑟夫．瑪利．布蘭克（Joseph Mary Plunkett）。他是位潛修詩人，在被處決的前一晚，他在基爾馬漢監獄的小教堂和葛莉絲．吉佛德（Grace Gifford）結婚，但其實他已因結核病而垂死了。這個哀痛的事件因為〈葛莉絲〉這首歌而永垂不朽。其中一句歌詞總是讓我流淚：「哦，葛莉絲，將我抱在你懷裡，讓此時此刻到永遠。」當我們站在這個小教堂裡，可以明顯感受到死去的愛國者的靈魂就在那裡，而現在都已經安息了。我每次去基爾馬漢監獄，都可以感覺到這些為愛爾蘭獨立而奮戰的戰士存在。

許多現代的重要作家都以這個故事為藍本。我們在學校就讀過詹姆士・史蒂芬斯（James Stephens）的作品，他和許多起義事件的支持者一樣，並非天主教徒。他寫了一段話給英格蘭：

> 我們是個小國家，而你，是個大國，但卻不斷地欺壓我們。我們是個貧窮的國家，而你，是世界上最富裕的國家，但卻不斷地掠奪我們……沒有國家會像我們原諒你一般地原諒敵人，一次又一次，受苦受難的世世代代皆然：我們不斷的原諒，只換來你不斷的欺壓。

其他知名人物，包括作家蕭伯納（George Bernard Shaw）和葉慈（William Butler Yeats）、英國國教的坎特伯雷大主教（the Anglican Archbishop of Canterbury）、英格蘭長老教會議長（the Moderator of the Presbyterian Church in England）、還有前首相赫伯特・阿斯奎斯（Herbert Asquith），都針對起義原因公開譴責英格蘭的侵占，特別譴責處決的行動。

我父母灌輸我們要非常尊敬「復活節起義」事件被處決的人士，正如他們尊敬麥可・柯林斯（Michael Collins）一樣。他冒著生命危險，在一九二一年簽訂了《英愛條約》。這個條約將愛爾蘭分為北愛和南愛，這是當時他設法跟英格蘭協調取得的最佳條件，但愛爾蘭人民的反應卻很複雜。麥可・柯林斯也許是全愛爾蘭最偉大的民族主義者，但他曾對伯肯赫德勳爵（Lord Birkenhead）表示，簽下這項條約，也等於簽下自己的死亡令。他的預言成真了。

隨後，贊成和反對英愛條約的兩派爆發「愛爾蘭內戰」（Irish Civil War）。在一九二二年八月，受大多數愛爾蘭人喜愛且尊敬的麥可・柯林斯，在靠近科克郡克隆納基提區（Clonakilty）的花口村（Beal na Blath）被伏擊射殺了。大家都感到非常悲傷，全愛爾蘭也瀰漫著無助感。我母親每次提到麥可・柯林斯，都覺得好像失去自己的親人。當時有五百名愛爾蘭人和英格蘭人跟隨在麥可・柯林斯的棺材後面，穿越都柏林的街道，最後葬在格拉斯那芬墓園（Glasnevin Cemetery）。「復活節起義」事件被處決的受難者則葬在亞柏山（Arbour Hill）。

愛爾蘭有很多景觀會讓人回想起那些悲慘的時代。當我和妞拉在二○○○年回家時，我們和烏娜、吉姆和他太太瑪俐到愛爾蘭各地旅遊。到彌撒岩一遊，是整段旅程最無法抹滅的記憶之一。在十七世紀末和十八世紀初的「懲治法」期間，神父的項上人頭是有價格的。如果有人藏匿神父被發現了，就會被處以死罪。然而，在森林深處，人們會祕密穿越林間，去參加用一塊岩石當作聖壇的彌撒。他們冒著生命危險這麼做。史萊果鎮外就有這麼一個地方，一個名叫卡拉洛的村子，到現在仍看得到當時人們爬著穿越林間的蹤跡。在彌撒期間，會有人出來站哨，留意是否有英格蘭士兵出沒。我們站在那裡，感覺逝者的靈魂就在身邊。我們無法形容自己的感覺。那是個神聖的地方，一個適合靜默的地方，我們在那裡虔誠地想像著我們的祖先準備為他們的信仰付出代價。在整個愛爾蘭有許多像這樣的彌撒岩，仍然跟不久前的過去一樣。在大多數的彌撒岩，每年或特殊節日都會舉行公開彌撒。

我們親歷的苦痛歷史

我母親知道所有的事件——有些還親身經歷過——但她在述說家人和族群所經歷的苦難時，絲毫不顯示任何宗教怨恨，對此我仍然感到非常驚訝。她認為該負責任的是個人和政客，而不是有任何特別信仰的人。但是，對於英格蘭在一九二〇年派來鎮壓暴動的殘忍的「黑棕部隊」（the Black and Tans），我父親和母親都很害怕。「黑棕部隊」的愛爾蘭語是Dúchrónaigh，成員主要是皇家愛爾蘭警察後備部隊（the Royal Irish Constabulary reserve force）。雖然「黑棕部隊」的目標是「愛爾蘭共和軍」，但他們數度攻擊愛爾蘭平民，因此惡名昭彰。

一九二〇年變成「恐怖行動年」。隨著他們對無辜愛爾蘭民眾所做的暴行傳遍世界，國際上也掀起譴責英國行為的聲浪。甚至在「黑棕部隊」踐踏愛爾蘭鄉間之前，英國在道義上就站不住腳。這個退役軍人部隊接到非正式的指示，要以任何手段來鎮壓暴動，而因為他們所做的破壞和殘酷行為，更進一步遭受報導之苦。據說「黑棕部隊」駕著軍車駛過時，為了測試軍火的準確性，會對工作中的農民開火，任意殺人。他們殘暴的作為，讓全國陷入恐懼和憤怒之中。

有一次，母親跟我說了一段她不願回想的記憶。在一個夜深人靜的夜晚，她和父親躺在床上，聽到軍車隆隆地駛在貝里狄尼路上，朝我們家的方向而來，令人膽顫不已。他們知道是「黑棕部隊」。然後，傳來猛敲窗子的聲音，母親便叫父親躲在床底下，似乎他正處於極度的危險之中。我父親覺得這是個莫大的羞辱。然後，我母親走到窗邊，那些人要求她給他們兩桶水。母親赤腳走了一百碼到泉水井邊，身旁還有個「黑棕部隊」的士兵拿槍抵在她背後。她把水桶裝滿，舉步維艱地提過去，身旁仍然跟著她的「護衛」。她一直祈禱那些人不會趁她不在時闖進屋裡。每只水桶大概裝了十到十二公升的水，但那些人絲毫不出手幫忙。

在一九二一年七月，因為愛爾蘭和英國軍隊之間陷入膠著，所有公開的敵對行動都停止了。雙方準備簽訂條約，授予愛爾蘭在大英帝國之下具有自治區的地位。條約也包括北愛爾蘭奧斯特（Ulster）各郡仍歸英國所有，因而為日後的許多悲劇埋下種子。雖然這些經歷很痛苦，但絕對比不上阿蒙．德．瓦勒拉拒絕接受麥可．柯林斯在倫敦簽訂的《英愛條約》而帶給大多數愛爾蘭人民的傷痛。隨後爆發激烈的內戰，影響深及全國，鄰居互相對立，家人分崩離析。愛爾蘭經過數十年才完全脫離內戰的陰影。即使阿蒙．德．瓦勒是在附近的林穆瑞克郡長大的，但我母親對他沒有絲毫的情感與尊重。我想，這是因為在許多導致內戰的事件中，他都扮演了重要的角色。

我開始寫這個故事時，並不想探討這些愛爾蘭的歷史事件。但是，這些事情清晰地浮現在我的記憶中，因為在我父母成長的年代，這些事件是造成痛苦的元素，後來也影響了我一輩子。我父母親的耐心仍然讓我驚嘆。我只能將之稱為堅決信賴天主的態度，即使他們面臨最難以應付的難關，仍懷抱希望來看待生命。我現在絲毫不懷恨意地記錄這些事件，是因為從小到大，我們小孩子從不曾聽父母以仇恨來表達他們的情緒。

我父母也不相信是天主讓他們遭受這些無情、悲慘的苦難。反之，因為相信天主、知道天主關心他們，所以他們繼續忍受這些狀況，直到景象改變。他們忍受一切，讓我們受教育，才會有比較好、比較有成就的生活——雖然這個期盼曾經似乎不可能達成。甚至今日，我還是會為我父母和祖父母的遭遇而落淚。但他們撐過了這些驚濤駭浪的年代，沒有被苦難毀了他們的生命，也不曾因為英國領導人好幾個世紀的壓迫而一味地灌輸我們仇恨國家的觀念。對此，我甚感驕傲。

可能有人會想，愛爾蘭的全部故事，特別是跟我的愛爾蘭童年背景相關的事件，是否會公諸於世。內戰之後隨即發生的政治持續影響愛爾蘭至今，這是不得不承認的事實。這些確實是我的文化包袱，隨著我遠離克萊爾郡的父母和農場，進入新生活。

聖召

一切都開始於屋子後面的草地。我記憶猶新。當時綠草如茵，藍天白雲，我還年輕。當時我突然領悟了，我應該要在修道院虔誠地度過一生。那是個決定性的時刻，將會塑造我餘生每一天要走的方向。我內心沒有任何疑慮。常有人問及我選擇奉獻天主的使命感的奧祕。對我而言，使命感是不會突然「出現」的，而是一直在我們心中，等待適當的時機揭示。後面才會出現疑惑。我可以有其他的選擇：婚姻、工作、在農場幫忙……但我覺得宗教生活才是正確的道路。從那一刻開始，天主就在我身邊。我感覺到祂在身旁，我經常像朋友般地跟祂說話。我完完全全將自己的生命交給祂，無論祂如何為我決定，我都可以照著祂的旨意做。

每當我腦海中浮現年少時的記憶，在屋後草地的那一天就會赫然呈現眼前。但是，當時我非常恐懼，不敢跟任何人透露自己的宗教使命感。在有五個兄弟、四個姐妹的大家庭裡，公開真相可能會讓我受到某種程度的監視，而我還沒有做好心理準備。所以，這件事一直是個祕密。直到有一天，我膽怯地跟母親提起。她的反應是什麼？「你要當修女？你熬不住的。你太喜歡跳舞了。」也許她以為我喜歡隔壁的木工學徒派基・巴瑞特（Pakie Barrett）。當時我才十五歲，經常希望自己能夠快一點長大，吸引他的注意。我母親的回答讓我完全洩氣了，但也並不意外。然而，我的決心非常堅定。我決定等待時機，等到更恰當的時機出現。最後，我告訴助理牧師麥可・塞斯頓神父（Father Michael Sexton），我想奉獻天主。這位睿智且溫和的神父熟知我的年齡和家庭，便建議我再等十二個月，看看到時候的想法是否一樣。對我而言，那是一段非常漫長的時間。

我等待了。在那段期間，沒有人跟我提過這件事。我開始覺得，雖然十二個月前我非常清楚自己要走的路，但也許母親勸阻我的作法是正確的。然後，有一天，我母親、父親和我坐在廚房裡，塞斯頓神父出現在門口，一如往常地打招呼：「天佑全家。」我父母也回應：「您也是，神父。」

我的心噗通噗通地跳，聽著他們的對話從農作物聊到天氣、再聊到教區裡生病的人。我忙著泡茶、準備點心：通常是黑麵包和奶油。沒吃到這些東西，訪客——特別是神父——別想離開屋子。我猜想著他們的對話會不會轉到我身上。如果聊到我，他們又會說什麼？會有什麼反應？如果他們要我回答，我又該說什麼？

想到他們可能完全忘了我的存在，讓我更加害怕。在這個階段，我甚至開始希望他們永遠不要想到那個話題。我一直聽著他們的對話，非常清楚這裡的三個人掌握了我的未來。他們就坐在廚房的桌子邊，桌上還鋪了花色的油布。他們吃點心、喝茶，我就在一旁東摸西摸，專心聆聽。我就像是在以馬忤斯（Emmaus）準備晚餐的廚娘，設法盡力跟上兩位門徒、還有在路上跟他們講話的陌生人的對話。終於，我等待的那些話出現了。塞斯頓神父直直地看著我，問我是否還想當修女。我父母試圖從我臉上尋得答案。意識到我的回答會對他們的生活造成什麼樣的衝擊，我輪流看看他們，哽咽地說出我的回答：「是的，我想當修女。」

這個經驗令我心力交瘁。對於自己的決定對父母造成經濟壓力，我感到很難過，而且這個壓力已經超過他們能夠承受的能力了。修道院會期望有一筆嫁妝，我也要準備一些平常在家不需要的昂貴衣物：一件黑色的長版雙排扣羊毛外套、一頂帽子、黑色鞋子。當時，家裡和農場都需要我幫忙。到時候，誰來幫我母親？房子、家庭、甚至農場的運作，都是靠母親張羅，例如餵豬、餵牛、擠牛奶等，在當時完全都靠人工來做。

那個景象深深印在我的腦海。當時廚房裡一定還有其他人。路易、妞拉、米克、吉姆和烏娜。他們在家嗎？還是在學校？我記不得了。我知道那天下午尚恩、凱文和茉拉不在家。對我而言，在那個時刻，我只記得那三個掌握我命運的人。我相信依照他們的智慧，只會為我著想，而不會顧慮他們的需求。那天早上，天主真真實實地存在於那個廚房，就像祂一直陪伴在我身邊。雖然我沒再多説，但從那一刻起，我長大成人了。突然間，我感受到的不是深深的平靜和一直漂浮在內心的期盼，而是望著沒有道路的未來，只看得見孤寂和不確定，心中不禁產生的恐懼。然而，事情就這麼決定了，會有人帶我去吉爾拉什依照修道院的服裝清單採買大大小小的物品。

慈善修女會

我以前聽過慈善修女會，決定要加入他們。他們是「行動修女」（walking nun），奉獻自己來照顧貧病的人。他們以實際的方式來解決世界的需求，深深啟發了我。禱告當然是慈善會生活中的重要部分，但禱告和默觀祈禱的方式，與封閉修會中的修女的作法大不相同。慈善會於一八三一年在都柏林設立修會，而週遭環境也直接影響了慈善會的作法。

慈善修女會的創辦人凱瑟琳．麥克奧利（Catherine McAuley, 1779-1841）是位不平凡的女性。她父親是個有錢的天主教徒，在十八世紀的都柏林相當罕見。他是位善心人士，會將窮人帶回家，給他們食物。凱瑟琳還小時，雙親就過世了，她便跟遠親威廉（William）及凱薩玲．葛拉罕（Catherine Callaghan）住在一起。葛拉罕夫人身為貴格會的一員，而貴格會特別重視人際關係，因此年幼的凱瑟琳便受到這個理念的影響。凱瑟琳決意將神職與造福窮人結合在一起，就成了我們慈善修女會一直遵循的態度。畢竟，有錢人不見得在精神或情感層面也會比較富裕。

凱瑟琳最初決定設立一個俗世女子天主教社會服務社團，這些女性願意奉獻自己來照顧窮人，但不需發願。威廉．葛拉罕將財產留給凱瑟琳，讓她行善之用。她選擇了一個處所，位於都柏林的貝葛街和賀柏街的街口，作為運作中心。當時，在英國和歐洲的新中產階級中，有許多富裕且認真的女性，無論是天主教徒或新教徒，都有類似的責任感。

凱瑟琳和她的追隨者有很多事情要做。在都柏林，十九世紀初期是個危險的時代。在一八〇〇年，《聯合法案》將愛爾蘭和英國議會合併，也結束了愛爾蘭短暫的政治獨立時期。吳爾福．唐恩（Wolfe Tone）因而起義，希望創造一個由天主教徒、新教徒和異議者（也就是不贊成英國國教的新教徒）所組成的聯合愛爾蘭，並脫離英格蘭的統治，但卻失敗了。天主教的解放還有很長的一段路。經濟蕭條的時代更增添了政治和宗教紛爭的氣氛。

到一八二八年底，慈善會婦女的工作職責包括到府和到兩所都柏林醫院探視病人、管理一所孤兒院和一所就業婦女的職業介紹所。這是不容易的。在教會高層具有有影響力的人士，認為非教會的慈善事業不若神職人員或修會重要。在教會的圈子外，普遍認為慈善工作、商業和財務應該是男人的職權。在整個十九世紀和大部分的二十世紀，許多有能力的女性都必須承受這個苦難。到了一八三〇年，凱瑟琳和她的夥伴雖然仍有疑慮，但同意創立修會。在一八三一年十二月，凱瑟琳發了誓願。

慈善修女會建立在四個原則的基礎上：對受苦的人慈善、修女之間要合諧寬容、服從、以及共同生活的紀律。凱瑟琳也相信「一心一意的慈悲心可以成為每位修會成員的特質」。我確信許多人有時也達不到這些困難的願望，甚至相去甚遠。修女跟大家一樣，都只是平凡人而已！

慈善修女會幾乎才剛成立，霍亂就侵襲都柏林了。死亡率相當驚人，都柏林衛生局只好向慈善會尋求協助。慈善會的工作改善了狀況，湯森街醫院的死亡率也大幅下降。但是，霍亂留下的後遺症是無父無母的孩子、和沒有經濟支柱的家庭。慈善會修女們的工作永無止境。

下一步是擴展到都柏林以外的地區。修女們在全愛爾蘭設立修道院和學校，然後是英格蘭的倫敦、伯明罕與利物浦。《慈善規章》在體制上必須遵守羅馬教廷，而不是由位於都柏林的「母院」管理，也意謂所有修道院及其附屬學校等各個獨立機構形成不嚴謹的聯盟，並非依照等級結構由中央修道院管理的分支機構。從我首次得知凱瑟琳的作為，多年以後，恰好有機會回想這種催化領導的形式，就算沒有統治也可以有效率。這種作法讓修女們有能力確認她們服務的地區有哪些特殊需要，進而做出適當的反應。凱瑟琳·麥克奧利有勇氣與眾不同。

在一八四〇年代，由於來訪的主教不斷請求，說服凱瑟琳的繼任者文笙·惠地院長（Mother Vincent Whitty）派修女去海外服務。其實，「大飢荒」那幾年已經耗盡了修會人力和財力資源。然而，在飢荒難民逃去的新社會，搖搖欲墜的教會和教育的基礎結構，也面臨了迫切的需求。

慈善會的修女們也去克里米亞服務。詹姆斯・昆恩（James Quinn）是第一任布里斯本天主教主教，他伴著修女們一同前往。根據他的觀察，修女們可以在很少的資源下，做很多的事情。雖然在克里米亞戰爭期間，文笙院長並未參與慈善修女會的護理工作，但她並未缺乏冒險犯難的傳教士精神。她說加入「慈善會」的海外冒險「是我心裡真正的願望」，而一趟澳洲行終於實現了她的願望。在一八六〇年代初期，修女們在都柏林設立了新的「聖母醫院」（the Mater Hospital）。在一八六一年，文笙院長到達布里斯本，希望修會能盡快在當地建立另一所聖母醫院。

那所醫院耗費了我數十年的歲月。但是，早在我聽說過「布里斯本聖母醫院」之前，我還需要許多準備，才能開始新生活。我父母希望艾尼斯或吉爾拉什的慈善修女會可以接受我。但是，我不符規定，因為他們要求備修生要完成中學教育。這件事讓我父母非常沮喪，但我並未退縮。最後，我被推薦進入科克郡的一處慈善會修道院。

我離家的日子：一九四一年十月十六日，牢牢地印在我的腦海中。我父母駕著雙輪馬車載我到艾尼斯，啟程前往距離科克郡好幾好幾英里外的提姆里格的修道院。即將前往布里斯本主教教區工作的試修生，都以提姆里格修道院為據點。布里斯本的修女們也經常來愛爾蘭，「探問」年輕的修女備修生是否願意加入他們。提姆里格的修道院位於克隆納基提之東，是一幢稱為利特可倫館（Lettercollum House）的維多利亞式莊園。修道院的地點非常壯麗，位於丘陵上，可以俯瞰美麗的寇特瑪克雪莉灣旁的提姆里格大教堂（Timoleague Abbey）。利特可倫館由貝爾發斯特）的比米許克魯克公司（the Beamish-Crooks）建於一八六一年，在一九三〇年代變成船業大亨遺孀雅若夫人（Lady Yarrow）的住所。這是一幢兩層樓的房子，有一個很大的大廳，四間起居室、五間主臥室（兩間備有更衣室）兩間浴室、佣人房、一間設備完善的明亮廚房，還有修整美觀的花園。園丁的住所和兩間工人房也在附近的農地上。

慈善修女會的布里斯本修會於一九三七年十月以一千九百英鎊買下這幢房子，直到一九七七年才轉手。布里斯本的院長艾爾班修女（Mother Alban）描述利特可倫館是「接受聖召來昆士蘭傳教的地方」，之後又稱這幢房子是「先修班」。當地主教同意購買這幢房子，也同意它的用途，條件是「不得募款、除了自己的試修生之外，不得教學、並提供教士適當的薪水」。諷刺的是，利特可倫館就矗立於十七世紀被克倫威爾的軍隊毀壞的聖方濟大教堂舊址上。布里斯本的修女買下此處後，利特可倫館的正式名稱就改為「提姆里格進教之佑」（Timoleague Auxilum Christianorum）。

因為我父母回農場前還有事要辦，所以我早上就跟他們道別了。他們把我交給家族朋友，等著和其他要一起去提姆里格的女孩子碰面。下午，我從商店的櫥窗後面看到父母朝回家的方向走去。我知道他們要離開的時間，因為等他們到家後，馬上就得去擠牛奶。我沒讓他們看到我。終於，他們過去了。我想，達達的馬蹄聲我到死都不會忘。我知道一旦進入修道院，就很少有機會再看到家人了。提姆里格距離六叉很遠，就算難得開放試修生可以有訪客，因為昂貴的旅費、再加上他們無法放下農場的工作，他們也無法成行。

我這組的其他八個人也是一樣。我們是第二組准許進入利特可倫館的，全館總共有四十人。我們的湧入讓這裡相當擁擠。因為戰時平民無法旅行，因此第一組還無法前往布里斯本。當地人可能覺得我們很奇特。身為試修生必須兩人一組步行前往教會，而我們的外出服是一件嗶嘰防水布做的長披風，兩旁有裂口，沒有袖子，正面從領子扣到衣邊。一頂硬挺的頭巾鬆鬆地從頭垂到腰部，下巴有個大蝴蝶結來固定位置。

我在提姆里格待了六年，為了變成慈善修女會的修女那一天到來做準備。同時，我也研讀澳洲課程裡的科目，讓我可以在昆士蘭當小學老師。除了一般的科目，例如我喜愛的數學、地理和英文，我們也讀英國歷史和澳洲歷史，讓我們知道這些獨立州和領地的基礎。當然，愛爾蘭歷史是被排除在外的，所以我後來必須自行閱讀，來補足我所知道的部份。

許多不同語言族群的原住民自從遠古時期就已定居澳洲各地，這件事實在澳洲歷史課本絲毫未曾提及，實在令人驚訝。但自從殖民地時期至後來的數十年，他們的土地被掠奪、他們的權利和尊嚴被踐踏。這些事情都是等到我認識許多很棒的原住民和托雷斯海峽島民（Torres Strait Islander），獲得第一手知識才知道的。

在利特可倫館的日常生活可以和嚴格的寄宿學校相比擬，甚至還更嚴格，因為除了在星期天早上走到附近村子去參加彌撒，我們根本就大門不出、二門不邁。我們兩人一組併行，不能說話，即使我們尚未正式進入神職生涯。

我發現整個體制是極端的約束性，我到現在還不瞭解為何如此。早餐和午餐是在沉默中進食，但晚餐時可以交談。每一天都在讀書，我經常懷疑自己是否能達到為我們而設的標準。雖然我們還不是修女，但也不准回家過聖誕節。這種作法對我的家人、對我和其他的女孩，都是一種嚴重的剝削。

因此，我父母寄給我一張卡片，上面有一段布萊恩・歐希金斯（Brian O'Higgins）寫的詩。歐希金斯和許多愛國者及男女政治家一樣，現在長眠於都柏林的格拉斯那芬墓園。藉由這個舉動，我父母承認了我們再也無法一家團聚過聖誕節了。那段詩的標題是「缺席者」，上面寫著：

耶穌，請以祢的神聖之心，護衛我們遠方的親人。
在危險時給他們屏障。照亮他們的靈魂直到天明。
當沮喪的放逐終了時，我們將圍繞在祢身邊。
再也不會失去祢、離開祢，直到永恆。

我仍然留著那張卡片，放在祈禱書裡當做書籤。

但在一九四二年六月，我倒是真的回家一個月，我還記得當時複雜的情緒。雖然我很高興能夠回家，但我心中最大的問題是：我如何能再回去過那種嚴格的生活？我沒跟任何人提過這件事。儘管心中充滿疑慮，我並未放棄。我又回到利特可倫館，發現舊體制仍然沒變。我們經常被告知澳洲的修女是我們的典範、要在布里斯本和她們和平相處、他們具有優雅的本質和對工作的承諾等等。當我們真正抵達布里斯本、認識同事之後，發現他們聽到的我們也是一模一樣，不禁令人莞爾，心情也輕鬆了起來。

經過兩年的教師培訓後，我成為試修生。試修期為六個月，用來確認一個人是否適合、並願意加入修會，成為修女。因此，在一九四三年九月八日，隨著其他的小組成員，我就此成為凱思琳修女（Sister Kathleen）。我們的生活更加嚴峻，例如非常早起祈禱，彌撒、早餐和清潔工作，也都分配給我們。

我還記得成為試修生不久後的某個早上。我和艾西．巴瑞特修女（Sister Essie Barrett）在地下室，要把樓梯和地板掃一掃、灰塵撢一撢。但是，我們沒有認真工作，只是隨便到處抹一抹。有位資深修女看到我們，那是瑪莉．康尼爾斯修女（Sister Mary Cornelius），她在昆士蘭待好多年了。她問我們為什麼站在那裡不做事，我們回答因為我們想家、想家人。她的反應是從深深的口袋裡掏出一條白色的大手帕——她似乎很習慣這麼做。然後，我們三個人哭成一團。

試修期結束時，我們九個人被認定為是有希望的候選人，因此成為初學修女。根據提姆里格原來的規劃，事情不應該是這樣的。提姆里格修道院應該只是先修班，可以測試新的備修生是否願意接受聖召，再到布里斯本完成見習期。然而，戰時的旅遊限制阻礙了這個規劃。

初學修女生活

我們在成為初學修女時取得教名。其實，只要修會裡沒有其他人用同一個名字，我們就可以自行選擇。我母親說她喜歡「安琪拉」（Angela）這個名字，但因為已經有一位瑪麗．安琪拉修女（Sister Mary Anglea），所以我就成了安琪拉．瑪莉修女（Sister Angela Mary）。也許聽起來很奇怪，但甚至在六十五年後的今天，只要聽到有人叫「凱思琳」，即使在擁擠的城市裡，我還是會停下腳步看看是否有人在叫我。在一九四六年七月四日，我們發下貧窮、貞潔和服從三聖願。這是我們第一次發願宣示，我會在布里斯本做最後宣示，後來於一九四九年在萬聖會的小教堂進行。那時候，我人在聖母醫院，努力適應新的生活方式。

在一九四五年九月，妞拉也來提姆里格加入我的行列，當時她剛剛從艾尼斯的慈善學院可萊斯特穆爾（Colaiste Muire）中學畢業。她也決定要進入修道院。但是，她的經歷和我截然不同。在妞拉小學時，曾經有非洲的修女參訪過她們班，她也因而受到啟發。雖然她想加入那些修女前往非洲，但結果妞拉到了澳洲去，並在當地以瑪莉．卡美莉娜修女（Sister Mary Carmelina）的身分教授了數以百計的女學生。有她在身邊伴我一生，對我是多麼大的恩寵，只有「我」知道。

對我和妞拉而言，利特可倫館那幢簡樸的石屋建築，是個令人生畏的地方。在戰時和戰後數年，金錢非常缺乏，因此修女們都盡力讓莊園的土地有生產力。當時食物稀少，我們覺得品質和味道也不佳。我們都吃不飽。我們習慣於桌子上有一條又一條的新鮮自製麵包，因此這對我們是新的體驗。在提姆里格，每個人只有一小片麵包。

那幢屋子非常非常寒冷。天花板很高，又沒有中央空調。每一間大教室裡只有一堆柴火提供唯一的熱氣來源。我們睡覺時，雙腳是冰冷的。早上起床時，雙腳仍是冰冷的。那裡有三間宿舍，一間有四張床，一間有八張床，另一間則可容納十二張床。戰時有兩組人住在那裡，所以有很多折疊床。我和愛琳．布洛斯南修女（Sister Eileen Brosnan）睡上下鋪。有一天晚上，應該是要完全「靜默無聲」之際，我從上鋪探下頭，開口說：「冷死了！」務實派的愛琳以科學事實來回話，讓我啞口無言。她說：「妳睡上鋪不會冷。熱空氣會往上升！」

曾經有在昆士蘭待了多年的資深修女來利特可倫館訓練我們，過得也沒有比我們好。一旦將自己交給天主之後，我們願意接受這樣的生活可能帶給我們的限制。然而，要適應設定好的時間和工作例行程序、安靜用餐、嚴苛的宗教教育，都是件困難的事。對我和妞拉而言，這一切都和我們成長的快樂、吵雜的家庭完全不同。無論如何，我們撐過來了。

我的小組費了好大的勁才能登上前往布里斯本的船。但是，戰爭才剛結束，要安排一行十二人搭船前往澳洲的旅程，實在難上加難。等妞拉來到提姆里格之時，我已經是初學修女了。但妞拉一直等到一九四九年來到布里斯本，才能成為初學修女並正式加入修會。從她在一九四五年到提姆里格那一天，到我在一九四七年前往布里斯本，根據規定，我無法和妞拉溝通——除了在少數規定的場合之外。這項限制實在令人痛苦。

凱瑟琳．麥克奧利創立慈善修女會時，並未制定這些規矩。在她成立的各個修道院中，夜晚都是在唱歌、跳舞和樂聲中度過的。然而，經過這麼多年，繼任的修女應該不瞭解創辦者的想法，制定了許多約束性的規定，甚至變本加厲。我和妞拉嚴守規矩，但我們倆姐妹來自於一個親密的大家庭，三年來禁止我們交談，實在是我們在那段時間最殘酷的經驗。有一次真的令人無法忍受。我輾轉聽到妞拉生了重病，被關在醫務室裡。有好幾天我淚流不止，因為我擔心妞拉會染上敗血病。就在幾週前，有位初學修女才因此死亡。那些掌權者最後終於可憐我，但我已經痛苦好幾天了。我被允許探視妞拉，讓自己安心知道她不會死。正如我猜想的，妞拉知道我會擔心難過，她也跟我一樣不好受。對我們倆人來說，那是最快樂，但也令人心痛地短暫的會面，我們同聲歡笑，就像小時候一樣。

現在已經不會再有將姐妹分離的事情了。修道院裡的制度都比較跟得上世界的腳步了。

我們的修會、還有教會，已經廢除了早期較嚴苛的規矩。但是，為什麼一開始會實施那些嚴苛的規矩呢？我們的宗教教育告訴我們要仁慈、不要主觀判斷、熱心助人、善解人意，但我們卻不是這樣被對待的。為什麼會不一致呢？當時，大家似乎相信在教育年輕修女時，忍受痛苦是必要的要素。

然而，耶穌看到受苦的人，絕對不會袖手旁觀就擦身而過，人們怎麼會忘了這一點呢？我和妞拉並不怨恨當時主事的修女們。的確，我們是偏好某些資深修女。但是，我們知道即使最嚴格的修女也認為她們只是做她們應當做的事。

對我而言，似乎是維多利亞時代相當浮誇的道德觀和社會結構影響了慈善修女會，因而改變了凱瑟琳·麥克奧利的時代較不嚴格的制度。在十九世紀末期和二十世紀初期，很多生活的層面都看得到極度的嚴格和嚴峻的紀律。也許以死板、有秩序的方式過生活，在社會上普遍被視為解決之道，可以解決戰爭和經濟問題所造成的混亂。無論理由為何，自律、服從和嚴格遵守等級地位，是一九四〇年代到一九五〇年代的社會標準。在修道院裡，這些標準更加強勢。

就這樣到了澳洲

最後，出發的那一天終於到來。我們在一九四七年五月二十日離開愛爾蘭。在此之前，我們都可以暫時回家跟家人道別。雖然能夠再度回到六叉農場享受家庭生活是件美好的事，但一想到可能再也見不到家人或這個家，卻是令人悲傷難過。我們離開利特可倫館這個六年來的家，心情非常複雜。我想，其他人對於未來的道路也跟我一樣感到不確定。的確，促使我進入修道院、還導致我必須移居國外的原因，並非冒險犯難的精神。相反地，聖召已經成為我的一部分，而這正是我可以實現的唯一方法。瑪莉．康斯坦薩修女（Sister Mary Constanza）瞞著我們，寫了一首關於利特可倫館的詩，敍述了她對那幢房子的感覺、以及她在那裡的經歷。這三節描述得特別生動。我們多數寫不出「我愛你，利特可倫館」這種話，雖然我們承認環境就跟修女描寫的一樣美麗：

我愛你，利特可倫，在日出之時，
在清晨破曉時：
當新生的朝陽劃破寇特瑪克雪莉灣，
我們面帶微笑感謝創造太陽的天主……

當活蹦亂跳的小兔子探出舒適的巢穴
看著日光消逝如飛，
疲憊卻忠誠的歌手唱出最美妙的音符
我們感謝賜予完美的一天的天主。

我愛你，利特可倫，無論冬天或夏天，
還有夏天和金黃的秋天
當「時尚夫人」心血來潮給你彩色的羽翼
你就穿上色彩變化多端的外衣……

（譯註：以上短詩為譯者自譯）

我們一行人搭汽車到科克，再搭巴士到都柏林，度過在愛爾蘭的最後一晚。我們在敦勞海爾（Dun Laoghaire）登上海柏尼亞（Hibernia）號，前往威爾斯的霍利黑德（Holyhead）。我們從在甲板上眺望著「愛爾蘭之眼」這個小島，祖國的最後一眼逐漸消失在地平線。為了安慰我們自己，我們全心全意地唱著〈光榮的聖派崔克〉、〈玉潔冰清〉、和〈愛爾蘭，我愛你〉。

在一九四七年五月，其他八位新任修女及五位試修生和我一起離開愛爾蘭，駛離這些快樂而進入未知世界的。我們的領隊是布里斯本萬聖會的瑪莉·克蕾蒙西亞·班尼修女（Sister Mary Clementia Banney）。

我姑姑是法國修會「慈惠姐妹會」（the Sisters of Charity）的一員，當渡輪從愛爾蘭開到霍利黑德，她在那裡和我碰面，還帶了一大盒三明治。然後，我們從霍利黑德搭火車到南安普敦，亞斯圖里亞斯號（Asturias）就在那裡等著我們。戰後，要將澳洲士兵從歐洲載回家的船運需求仍然很高，因此要找到可以容納我們所有人前往澳洲的船，實非易事。由於我們院長向澳洲移民部長亞瑟·克威爾（Arthur Calwell）懇求，才確認了這項行程。亞斯圖里亞斯號在五月二十二日離開南安普敦，預計航行五週到澳洲。這艘船是在貝爾發斯特為「皇家郵政」建造的，並在一九二五年下水。起先，亞斯圖里亞斯號是行駛到阿根廷的肉品運輸船，然後在一九三九年改裝成武裝商業巡洋艦。這艘船曾在一九四三年遭受魚雷攻擊，並從南大西洋被拖到直布羅陀。這艘船幾乎被視為報廢，但終究被修復了，並改裝成運輸船。這是這艘船改變樣貌後第一年服役。

漫漫航程

這不是一艘豪華郵輪。我們的艙房在最底層，又小又擠。我們四人一間，睡上下舖。我們以為在提姆里格的生活已經非常有紀律了，但現在，我們才知道軍隊的紀律是怎麼回事！每一天，船務員命令我們一個一個排隊洗澡，看來他似乎比較習慣用咆哮的方式對不守規矩的人下命令。從一九七〇年代起，二十四小時的飛行時間就可以連結愛爾蘭和澳洲。相對之下，這五週的航程似乎很長。但是，相對於十九世紀的移民必須在大型帆船上度過幾個月的恐怖時間，我們的航程已經縮短很多、也安全多了。

愛爾蘭和澳洲在很多方面都有關聯。許多愛爾蘭以前的罪犯在這個殖民地成功發達。愛爾蘭移民和他們的兒女也事業有成，並繼續注入愛爾蘭新血，豐富了修會和神職人員。

還有一些鮮為人知的關聯。澳洲派去參加第一次世界大戰的士兵，很多都是愛爾蘭後裔；有些甚至是在愛爾蘭出生的。澳洲和愛爾蘭士兵在加利波利（Gallipoli）並肩作戰，還有最為人所知的是聲名狼藉的「獨松戰役」（the Lone Pine battle），之後又在法國和比利時的壕溝中相遇。有些澳洲人在寶貴的假期中，選擇愛爾蘭作為目的地。當民族主義份子在一九一六年的復活節占領都柏林的郵局時，少數人甚至在當地還被徵召去為英國而戰。

在第一次世界大戰期間，愛爾蘭的問題也對澳洲造成嚴重的衝擊。因為愛爾蘭和英國之間動盪的歷史，許多旅居澳洲的愛爾蘭人並不支持英國的正當性，特別是都柏林的「復活節起義」之後的殘酷惡行。但由於厭惡天主教會反對徵兵的立場，特別在墨爾本，以及在一九一六和一九一七年的徵兵公投中，透過各種尖刻的爭論浮現英國的正當性，兩者都備受抨擊。接下來數十年，澳洲人充斥著反愛爾蘭的情緒和宗教偏執。雖然但昆士蘭的情況不若澳洲其他地方嚴重，但卻是整個國家各族群社會生活中的重要因素。

我唯一的第二次世界大戰經驗，就是在運輸船上的生活。相對於第一次世界大戰，愛爾蘭在第二次世界大戰中，全程保持中立。德．瓦勒拉總統警告同盟國——和許多愛爾蘭民眾——拒絕讓英國船隻在愛爾蘭的港口加油或避難。他決心只有在德國入侵愛爾蘭、而且別無方法的情況下，才會尋求英國協助。

北愛爾蘭是英國的一部分、而非共和國的一部分，對這項事實的怨恨，一直都在愛爾蘭政治圈的檯面上。幸好，這些一觸即發的緊張態勢並未入侵我在提姆里格利特可倫館安逸的生活。後來，我讀到這些重要議題、聽我家人討論政治的正反面，很慶幸自己能夠避開這些政治紛爭，安然度過戰爭時期。

在漫長而艱辛的旅程中，我每天晚上都會寫日記。現在拿來翻一翻，還是覺得很有趣。我在卷首寫著：

那是一九四七年。我們深信再也見不到愛爾蘭、我們的家或家人了。根據當時的習俗和建議，不要老是想著我們所做的犧牲。我們是要將生命獻給天主，而且是自動自發、滿心喜悅地這麼做，所以必須忍受分離的痛苦。因此，這本日記要記的是奇聞軼事和種種狀況，感謝它們填滿我們的白天和黑夜，而且就某個程度而言，可以幫助我們壓抑心裡痛苦的孤獨感。

隨著我們離開祖國愈來愈遠，對於未來的一切，我們將信仰與信任交給天主。每天看著日落西沉，海洋變得陰暗恐怖，我們祈求聖母海洋之星的保護，希望她和她的兒子將我們平安送達昆士蘭的布里斯本。

跟我們一起搭船的，還有數百名戰後返鄉的澳洲士兵。他們要回家、回到心愛的人身邊的那種喜悅，與我們離開所有親人和熟悉的一切帶來的深深哀愁，大相逕庭。我不禁想到妞拉以及她日後要面對的漫漫長途。當我們越過比斯開灣，大部分人都在跟暈船奮戰。我在日記中寫著：「早餐和午餐時，我們無法進餐廳吃飯。但持續不斷的暈船，讓我晚餐時胃口大開。」幸好，地中海溫和許多。

我們在船上仍然遵守平常的宗教儀式。船上有五名神父，包括三名澳洲的隨營司鐸。我們每天做彌撒，甚至在洶湧的比斯開灣也是一樣。行經甲板上陰暗的角落，就唸著我們的教會禱詞。隨行的還有四位伯納爵會（Patrician）的修士，其中一位來自克萊爾郡。能聽到故鄉的消息真令人愉快，而且還從聊天中「重新探索」故地。船上有一些很好的人。有位乘客拿錢給瑪莉・克蕾蒙西亞修女買巧克力給我們這些年輕人吃，慶祝聖母進教之佑節。如果碰到有趣的海岸線可看，好幾位乘客也會把望遠鏡借給我們。

在我小時候，作夢也沒想到我可以出國、看到旅程中這些美妙的景觀。看到葡萄牙、西班牙、直布羅陀巨巖和亞特拉斯山脈，我們都非常興奮。我在日記裡描述了阿爾及利亞：

> 大多是貧瘠的丘陵，但可以看到幾方耕地。除了這幾塊特別的地方，土地上覆滿了看似活的植物，但未開花。我們距離海岸僅有半英里……太陽有如一團紅色的火球，晚餐後迅速西沉。我們剛開始欣賞時，太陽還高高的在地平線之上，五分鐘之後，就完全消失了。當然，這對我們是一個新的經驗。我們想起了家鄉又長又靜的黃昏。

至於馬爾他，我寫的是：

房子的屋頂都是平的。聽說他們有時睡在屋外。馬爾他的首都瓦勒他（Valetta）看起來很大。我們看見那裡有大大的尖塔和圓頂，還有一艘多明尼加勝利號（Dominican Victory）剛剛駛離港口。橋被放了（還是升起？）一半，讓船過去。整座城絕大部分都被一座高牆圍住……瑪莉．勃洛米歐修女（Sister Mary Borromeo）戰前要來愛爾蘭時，到過瓦勒他，所以她知道在過去七、八年間，這個城市經歷了什麼樣的浩劫。她說港口現在已經是斷垣殘壁了。

瑪莉．勃洛米歐修女說明在第二次世界大戰期間，馬爾他多數時間是被圍困的，並不斷遭受德國納粹空軍轟炸。喬治六世國王為了褒揚馬爾他人民對抗入侵、保護重要的英國戰略地位的勇氣，特別授予他們喬治動章。

埃及則截然不同。大船開進開羅時，出現了一些有趣的小船。我紀錄了其中一艘小船：

小船上有兩個人，一個划船、另一個做生意。他們有公事包、小羊皮或稻草做的手提包、手鐲、土耳其軟糖、各種甜點，但我看到其他小船上只有賣食物。他們會說幾句英文，做生意的方法是：一個人拿起手提包叫賣：「四英鎊。」因為沒人回應，他就改喊「三英鎊」，然後再降到「五十先令。」我身旁有人對他示意，所以他就拿出一條長繩綁住手提袋，再綁住一個舊袋子裝錢用。然後，他將比較重的這一端往上丟。我身旁的那個人接住繩子，把袋子抓過來。那個聰明的當地青年緊緊抓住繩子的另一端！買家認為價格太高了，想要再殺價。於是，那個青年就叫著：「你說啥？你說啥？」最後以兩英鎊達成協議，買下那個手提袋。買主將錢放進舊袋子，把袋子放低，然後再放開繩子。接著，青年又拿起一盒椰棗叫著：「『粉好粗』的椰棗喔！『粉漂亮』的椰棗喔！」

船長建議士兵不要上岸，因為根據他的說法，在埃及的情況「有點棘手」，穿軍服的人可能不受歡迎。

當我們正要進入蘇伊士運河，好幾個人提醒我們世界尚未完全和平。

我們經過兩艘載滿士兵的運輸船。我們週遭停靠著大大小小的船隻。兩艘戰艦就在我們前面，沿著運河航行，還有一架飛機正在進行某種演習。然而，陸地上就一切如常了。一條雄偉的道路和鐵路直通水邊。卡車、摩托車、舊式汽車、醒目的V8車沿路狂飆。那條路平坦得有如桌面，他們才能飆車。我寫著：

我看到幾匹駱駝，或躺或站，離我只有二十碼。我戴上眼鏡觀察其中一匹。牠的脖子跟驢子一樣是灰色的，但頭頂和背部是棕色的。另一匹像馬一樣躺著，長脖子和頭抬得高高的。牠們的腿很長，但我都沒注意到耳朵，所以一定很小！

我們穿著嗶嘰呢會衣，這使得蘇伊士運河的熱度難以忍受。瑪莉．迦大基修女說她擔心自己會「蒸發掉，然後變成雨滴回到愛爾蘭」。我覺得「十隻手指連指尖」都「佈滿了汗珠」。我不禁擔心妞拉要如何成功穿越紅海。修女又不能像其他乘客一樣睡在甲板上！由於船上爆發麻疹疫情，也使得有護理經驗的人手相當吃緊。瑪莉．克蕾蒙西亞修女的朋友柏伊蘭小姐（Miss Boylan）病得非常嚴重，然後在六月三日過世了。幸好，當時我們距陸地很近，可以將柏伊蘭小姐葬在岸上。一個前幾天過世的小孩必須葬在海裡。神父們組成一個小小的送葬行列，陪同柏伊蘭小姐的棺木離開船上。

我們很高興能將熾熱無風的紅海置之腦後，但隨後發現暈船又在印度洋襲擊我們。唯一能稍稍減緩噁心反胃的方法，就是在甲板上散步、吹冷風。一旦我們離開季風帶，海象就比較平靜了。船上的生活也變得比較規律，舉辦兒童服裝表演、可愛寶寶比賽、十五人音樂會等活動，都讓生活變得比較興奮。我們唱歌、跳踢踏舞、詩歌朗誦，全然忘記我們正在穿越印度洋。

甚至還有必需隨機應變的時候。有一次，有些人因為暈船而無法做彌撒，布拉班特神父（Father Brabants）直接往著上天，並宣布他會幫那些「忠誠缺席的靈魂」做彌撒。另一次，歐文神父（Father Owens）寫了一首詩對我們表示敬意。標題是〈奇怪的女人〉：

亞斯圖里亞斯號的男人震驚不已

看到奇裝異服的二十三位修女！
我不想挑剔聲名狼藉的作為，
或值得讚揚的修會。
深色長袍的身形如此合群，
開懷溫和的笑聲令人難以置信！
她們不像希羅底，穿得寬敞又端莊，
甜美的笑容令人無法擋，
在一段我們被蒙蔽的旅程中
她們顯然「無可救藥」。
這個貧窮的團體在腦海中圍繞使人傷神
不敵悅耳的思緒；發現她們的合諧精神。
她們還不錯

（譯註：以上短詩由譯者自譯）

終抵澳洲

終於，我們抵達澳洲了！就在我們在佛利曼特爾（Fremantle）下船之前，我收到一封妞拉的信。收到她的信、知道家裡的消息，真是件愉快的事。當我們在佛利曼特爾下船時，我原本預期陽光普照的澳洲天氣，根本就不存在。簡直就是愛爾蘭的天氣——雨下個不停。我們在慈善修女會的修道院吃了一頓道地的澳洲晚餐。有烤雞、冷火腿、豆子、烤馬鈴薯、水果沙拉、葡萄酒、茶和巧克力！食物多到似乎吃不完，但我們還是努力吃光了。我在日記裡描述了離開修道院時的狀況：「修女們在我們口袋裡裝滿了蘋果、柳橙和一包包的巧克力。最可惜的是沒辦法再多裝一點。」

我們再度登上「亞斯圖里亞斯號」，前往墨爾本。我們遇見了一位老朋友：惡劣的天氣，這次是在大澳大利亞灣。我們沒有暈船，但平衡一直是個大問題：

早上穿衣服真是件令人生厭的是——我們老是晃來晃去的。我們在彌撒時站起來唱最後的福音歌，有些人得用手撐著椅子，但椅子滑來滑去，椅子上的人也跟著滑來滑去！我們都是「跳華爾滋」進出餐廳。泰瑞莎撞上一名服務生，他還跟她說：「放輕鬆。」泰瑞莎回答：「真希望我做得到！」午餐時，我注意到一位女士辱罵她的愛人，因為他竟然讓咖啡毀了她的餐點。

雨水是個老經驗；惡劣的海象則是新的。有些經驗，例如看到有人在甲板上織毛衣，會讓人想到家，令人沉痛。另外還有許多不熟悉的經驗：

「有位伯納爵會的修士給我們一顆鳳梨。瑪莉．克蕾蒙西亞修女把它切開來，我們其他人根本不知道怎麼辦。它跟蕪菁的大小差不多，但形狀比較橢圓。鳳梨皮很粗糙，反正它也不是連皮吃的。顏色還帶點紅棕色。」

這是我們第一次碰到不熟悉的食物。我們第一次看到百香果時，我們還以為要把黑色的籽丟掉！

幸好，我們到達墨爾本時，是陽光普照的日子。我們到慈善修女會的修道院一遊，非常愉快。我特別喜歡他們用水彩在捲軸上寫的標示「歡迎光臨南墨爾本」（他們答應我多放幾個月，讓妞拉來的時候看，真令我高興）。我們見了知名的丹尼爾．曼尼克斯（Daniel Mannix）大主教。他長得又高又瘦，聲音很低沉。之後，我們搭巴士去觀光，行程包括一條從岩石開鑿出來的鐵路軌道、許多不熟悉的樹木、還有一個國家公園。

我們覺得當地的牛帶有特殊的淺黃褐色——有人說「看起來像褪色了」。我們對墨爾本遠郊的木屋非常有興趣。我當時寫道：「那些房子是用護牆板一片疊一片蓋的。」當時我對其所知甚少，但不久之後，我就會看到好幾千幢了。昆士蘭出名的就是有寬廣外廊和漂亮裝飾的木屋。

前往雪梨的行程很短。我們於六月二十三日抵達。跟我們一樣，「亞斯圖里亞斯號」也即將展開新的職業生涯。對這艘船而言，是移民運輸船；對我們而言，我們就是移民。我們在晚上進港，所以錯過了雪梨港白天美麗的景象。儘管如此，前往蒙提聖安吉洛（Monte Sant' Angelo）修道院的路上，行經巨大的港灣大橋，仍然令人屏息。第二天，我們僱了一輛私人巴士遊覽雪梨，真是令人大開眼界：

雪梨的風景真是壯觀，我們兩旁都有花草樹木。我們在河上看到船屋，據說屋主可隨他們高興到處航行。巴士司機指出一些養羊場，還說一座小型的養羊場有十五至兩萬英畝不等。土壤非常的紅……我們注意到一叢開了黃花的灌木。瑪莉．克蕾蒙西亞修女叫了聲：「金合歡！」……金合歡是澳洲的國徽。司機看到我們很高興，便停下車，走出車外，摘了一把金黃色的花，然後以非常優雅的姿態送給瑪莉．克蕾蒙西亞修女。路非常靠近懸崖，還有危險的急轉彎。當我說：「心臟要很好才能走這裡」，司機馬上回答我：「不對，剎車要很好才行。」

我們搭晚上的火車去布里斯本，睡上下鋪的臥艙。我們發現牆上有個握把，就像調皮的三歲小孩一樣，一把拉下來。真想不到，竟然是個可愛的洗臉盆，上面還有水龍頭呢！還有兩塊香皂，每塊約一英吋長、四分之三英吋寬、四分之一英吋厚。比較適合放在陽娃娃的梳妝臺吧！來自十二個人的大家庭，我比較習慣的是Lifebuoy牌香皂。給我們用的毛巾也同樣太小了。

在六月二十五日星期三，我們抵達布里斯本那一天，我突然對未來的前景感到一陣驚恐：

火車沉重地行駛，愈來愈靠近布里斯本，但我現在正在做的事，並未給我任何舒適或滿意的感覺。一大堆問題在我腦海中縈繞：到底是什麼狀況導致我此時此刻會在這裡？我怎麼可以永遠離開家？我該怎麼辦？我有什麼可以奉獻的？難道這就是修會聖召的意義——不確定性、渺小、甚至沒有意願繼續下去，因為往前的道路很艱難？此時此刻，我覺得非常痛苦難受。我想，澳洲分會的修女一定有比我好得多的知識和技巧。我又憑什麼覺得我幫得上忙呢？

當我思忖我的困境、還有如何在沒有錢的情況下回家，心情確實非常沉重。火車飛快地行經非常高大的樹木——高到連我蹲下來都看不到樹梢。我猜那些是產樹膠的樹，我在利特可倫館早已聽過、也讀過很多相關的資料了。我又試著看看樹梢長什麼樣子，卻無功而返。火車窗太小，阻礙了我的視線。我開始懷疑情況是否與我的設想不一樣——未來是完全看不見的，而我心中這些五味雜陳的情緒，使得一切更加不確定。突然間，我望向地面，發現有許多小型的綠色植物，其實還蠻多的。顯然，無論是什麼，蕨類、樹膠幼樹、草叢，它們長在那裡因為它是受庇蔭的。這些小枝枒並沒有長成大樹的野心，但它們用自己的方式對景觀有所貢獻。大家對它們的期待也不會超過它們能力所及，但它們仍是不可或缺的景象。這就是對未來的承諾；我的心情頓時好了許多。

帶著這樣的心情，當蒸氣火車終於噴著氣停下來時，我發現南布里斯本車站是幢中規中矩的建築物，並非我預期的宏偉建築。此時，我崇高的冥想突然被分散了注意力，發現這個不太令人高興的事實。我口袋裡的念珠和被壓扁的香蕉已經合成一體了。在現實生活中，舉足輕重和無足輕重的事情常常並肩而來。

初到聖母醫院的日子

第一天早上，計程車載著我們在全然陌生的城市裡，穿過市區，前往萬聖修道院（All Hallows' convent）。當我們下計程車時，萬聖院的修女們演奏著小提琴和手風琴，用愛爾蘭的樂聲熱誠地迎接我們，令人賓至如歸。我們仍然恍恍惚惚地，只記得和所有的修女一起用餐。然後，我們前往莫頓灣（Moreton Bay）附近的納吉（Nudgee），準備在慈愛修道院（the Mercy convent）停留一星期左右。我們在那裡見識到蚊子的厲害，那些蚊子特別青睞我們幾個愛爾蘭人。不僅如此，呱叫不停的青蛙也相當擾人！第一天早上，我們就被某種沒見過的生物叫聲吵醒了。後來，我們知道那其實只是笑翠鳥的叫聲，令人放心不少。但一隻鳥的叫聲竟能如此驚人，也使人不解。然後，一位初來乍到的姊妹發出驚人的尖叫聲，再度破壞了第一天早上的安寧。她才剛把腳伸進拖鞋裡，沒想到裡面竟然有一隻滿身黏液的青蛙。我們不禁好奇還有多少恐怖的事在等著我們！

我在萬聖院住了六個月，努力讀書，希望取得小學教師的資格。同時，我也在聖喬瑟夫教會學校（St Joseph's convent school）教書。學校就在布里斯本河對面的袋鼠角（Kangaroo Point）。我有四十位七歲大的二年級學生，幸好我來自大家庭，還能應付這種場面！我們每天早上由巴士載到學校，行經美麗的故事橋（Story Bridge）。我非常享受在這所繁忙的小學教書的那幾個月。教書一直都是我的目標。

然後，聖誕節假期來臨。假期即將結束之際，照慣例要宣佈「調動」。就是有一張名單，所有修女名字都在上面，說明他們的來年的服務地點。我設法看了名單一眼，卻沒看到我的名字。我想我應該是被遺忘了。之後，萬聖院裡有人隨口說到我被派去聖母醫院。我有點害怕的反應是：「可是我又沒生病！」

唉，我要去當護士。在那個年代，沒有年輕修女敢質疑上層的決定。我們就是沒想到要這麼做，無論我們多麼驚恐。當護理人員的想法嚇壞了我，因為我一輩子沒跟醫療有過關係。儘管如此，我還是在一九四八年一月去了聖母醫院。我告訴自己，天主有時會有奇怪的想法。順道一提，這件事我也說給天主聽了。

確實，是特別的命運將我引領到布里斯本，進入一個我毫無意願的職業，相當令人厭惡和恐懼。聖母醫院對我、對那些在一九四七年跟我一起從愛爾蘭來的其他修女，都是全然的未知。我們已經取得教學的資格，也認為自己會以慈善修女會教師的身分來實踐聖召。更糟糕的是，我是小組裡唯一被選出來要去聖母醫院當護士的人。唯有我對慈愛的天父的信仰，幫助我度過最初孤獨的那幾年、以及隨後的日子。在聖母修道院時，雖然我身邊圍繞的一大群人，但我並不想待在那裡。那裡給我一種孤獨的感覺。我深信一個人如果覺得「格格不入」，即使只是暫時的，也很容易在人群中覺得孤獨無依。我堅信是天主派我去聖母醫院的，這個想法幫我度過這段時間。我從未放棄這個信念，直到今天還是支持著我。

在那個時代，我們根本毫無選擇。當時並沒有心理測驗來決定某人是否適合從事某一特定活動。我搭計程車去聖母醫院。到達聖母醫院的小教堂時，有位嬌小的瑪莉．摩利塔修女（Sister Mary Muredach）出來問我在做什麼。我很不好意思地說我是要來當護士的，但她卻回說沒有這回事。我興奮得不得了。但是，我要怎麼回萬聖院呢？計程車已經走了，而我身上沒有半毛錢。就在那個關鍵時刻，達米恩院長（Mother Damian）從二樓陽臺探出頭來，以非常和善的聲音對著我叫：「歡迎你，安琪拉．瑪莉修女！」

在那一刻，我知道命數已定。我深信我會證明自己是個完全不適任的護士，我深信這只是時間問題而已。我甚至沒有把行李箱裡的東西拿出來。我焦急地等著被叫回去教書、和小組其他人團圓的時刻來臨，所以我只是從行李箱裡把每次要穿的衣服抽出來。我想要回去教書，而且等妞拉來的時候，我們才會有比較多機會相聚——至少可以不時看到她。對我而言，聖母醫院是另一個世界，是個語言不通的異域。

在艾尼斯和吉爾拉什的修道院拒絕接受我的時候，我母親表達了她對於慈善修女會的觀點：他們最好不要聽到她說的話。儘管如此，後來我告訴她自己很沮喪，因為我被派去聖母醫院而不是學校，她反倒比較達觀。她一如以往地回了一封務實的信給我：「別擔心，你會對病人很好的。」我母親和那個時代的多數人一樣，認為不能當老師的話，還可以當護士——只是退一步而已。但是，關於被派去聖母醫院一事，不是只有我有這種情緒。瑪莉．泰瑞西娜修女（Sister Mary Teresina）是年輕修女的心靈導師，她對我無法教書一事也非常憤怒。

火警虛驚

後來幾年，我偶爾會回去萬聖院修道院，有些記憶相當令人尷尬。修道院是一幢古老的建築物，我們一直都很擔心火災的危險。有幾位修女被任命為消防督察，負責建物的某些特定區域。我們有一個火警警報器，但那個警報器經常在半夜響起來。我永遠忘不了其中的一次。那個警報器的聲響不是悅耳的鈴聲，而是震耳欲聾的鳴聲，睡得最沉的人應該也叫得醒。我和瑪格麗特．麥坎修女（Sister Margaret McCann）是中間樓層的消防督察，所以我馬上拔腿狂奔，一扇門、一扇門地敲，並試著趁鳴聲的空檔叫所有修女立刻到屋前的集合場避難。

在警告了走廊兩側的所有修女後，我跑到一個語言教師瑪莉．波吉雅修女（Sister Mary Borgia）的房間。因為沒有聽到她的回應，我摸索著床上是否有人，結果她不在。我沿著走廊走回去，聽到伊麗莎白修女（Sister Elizabeth）的房間有動靜。我叫了聲：「修女，你『必須』馬上下樓！」她的回答如果讓消防人員聽到，一定會非常震驚，至今仍深深印在我的腦海中。她說：「給我走開！難道妳看不見我還在穿束腹嗎？」幸好不是真的火警。然而，整件事結束後，我發現嬌小的瑪莉．波吉雅修女一直都蹺縮在我摸不到的床角，讓我真是尷尬。而且，她竟然整段過程都還睡得著！我和瑪格麗特只能大笑，感謝天主這只是再度虛驚一場。

我已經習慣了提姆里格和萬聖院修道院的生活，但聖母修道院是個很大、很複雜的地方。那裡規律得令人神經緊繃。起床鈴每天早上五點十五分響起，我們隨之起床，有時候還想著自己是否真的睡過覺了。五點半時，我們已在小教堂做晨禱，通稱為「日課」的誦讀和讚美經則從五點四十五開始。隨後是半小時的冥想。然後，在六點半，則是由醫院司鐸主持的彌撒。

我一直都很喜歡那個小教堂，有位修女稱之為一九二〇年代的「羅馬式建築瑰寶」。裡面的裝飾非常美麗——聖壇後方有一扇巨大的彩繪玻璃，畫的是耶穌在治療母親懷中的病兒，是從慕尼黑進口的。「聖母升天」（Our Lady of the Assumption）的雕像是詹姆斯．杜西格大主教（Archbishop James Duhig）在芝加哥選的。白色卡拉拉大理石的聖若瑟（St Joseph）雕像則來自義大利。這裡跟第一次世界大戰也有密切的關係——聖龕上的基督受難像是一位喬斯上校捐贈的，而他是在法國北部某個殘破荒蕪的地區發現的。

聖母醫院的司鐸交替更迭，有些與我們共處多年，負責這個美麗、神聖的地方。我還記得提姆．歐康納神父（Father Tim O'Connor）。他是凱里郡（Kerry）人，很喜歡談論凱里「王國」的事情。就某些方面而言，他相當嚴謹，幾乎食古不化，但他對病人非常和善。他有一些讓我們覺得相當有趣的觀點。有一次，他聽到有個嬰兒被命名為「加美樂」（Carmel），非常生氣地說：「加美樂？取個地名？那乾脆直接叫他『早餐溪』（Breakfast Creek）好了！」（譯註：「加美樂」位於以色列北部，舊約中經常提及；「早餐溪」則是布里斯本河的支流。兩者皆為地名。）查理．凱西神父（Father Charlie Casey）則非常受我們喜愛。他為司鐸的角色帶來新氣息。他是個年輕人，會素描又會寫詩，還用不雅的方式來調侃修道院由來已久的嚴謹常規。他很聰明，知道這些東西只能謹慎地和那些懂得他幽默感的人分享。

我們敬拜之後，會有一頓熟食早餐，包括香腸、豬排、茶和吐司。我們輪流為所有的修女倒茶——總共至少有八十位。有些人甚至期望一個大茶壺可以依照他們的口味，同時泡出較淡、適中及較濃的茶。所有修女都是沿著長桌兩邊坐著，這個茶壺又大又重，因為我比較矮，所以要從他們肩膀間的縫隙倒茶，實在難以操控。我們經常聽得到嘟噥不滿的聲音，因為也許有人非常想要喝杯濃茶來提神，但得到的卻是一杯無味的淡茶。

負責廚房的修女，起先是瑪莉．聖吉尼芙修女（Sister Mary St Genevieve），之後是卡蜜勒絲．瑪莉修女（Sister Camillus Mary）。她們很有廚藝，把我們照顧得很好。她們的日子也不好過。她們一定也會碰到困難的時候，不知道是否有足夠的食物來餵飽這麼一大家子。我們每次到廚房，她們也都熱情款待。我們離開時，口袋裡一定會有塊司康餅或蛋糕，讓我們稍後可以放縱一下。

早餐之後，我們會暫時回房整理一下、刷個牙、為接下來的一天做準備。然後，我們就急急忙忙地去做各自的工作。我們將午餐稱為正餐，是令人高興的休息時間。我們都等不及要吃大餐：肉、蔬菜、甜點，當然少不了茶。然後，繼續回到病房度過忙碌的下午。我們必須在五點四十五分回修道院做晚課，之後再吃晚餐，當然還是有肉。晚餐的肉讓我很納悶，到現在我還不知道是否這是一九五〇和一九六〇年代在昆士蘭普遍的作法。在家時，通常一天只有一餐吃肉。

等我們將碗盤和餐具洗好，就到聚會室「娛樂」一小時。我們可以聊天說笑，但手可不能停。我們會修補衣物、打毛線或織花邊——我的拿手好戲——為年度大型募款會做準備，因為醫院非常依賴的這些捐款。有時候，募款會和某些運動的總決賽撞期。由於修女對運動的認知如此之少，絕不會允許因撞期而影響這件大事，總會出面大聲疾呼。然而，仍然有大批民眾來參加募款會，在這些場合，就看得出一般社群支持我們的程度。

輕鬆休息一小時後，我們回去查看病人，直到九點再回來小教堂進行晚禱，稱為「夜課經」（Compline）。夜課經之後的大寧靜應該要持續到隔天早餐之後，但我們大多數都違反這項規定而有罪惡感。我們的房間稱為小室，在回到房間之後，很難不跟室友聊聊當天的經歷。我們都有室友，兩人一間。中間有薄簾將床鋪隔開，只有必要時才會將薄簾拉上。我們各自有一個衣櫥、還有個相似的五斗櫃。用來存放我們有限的衣物，已經很足夠了。床位不夠時，兩人室已經非常奢侈了。我記得有時候完成晚間義務後，還得等修女們騰出空間，我們才能將自己的床單鋪在床上，準備睡覺。在那個時候，我們根本不怕睡不著！

就我們所知，房間的分配是臨時決定的。不需與人同房的例外狀況，就是院長和一些非常資深的修女。在我們年輕修女看來，他們都已經非常老了，至少有五十歲了！我們通常都和自己年齡相仿的修女同住。訪客，甚至是親屬，絕不會帶到房間裡。儘管房間狹小，至少我們還是睡在真正的修道院建築裡。早期，慈善修女會的基金無法在南布里斯本建造一間修道院。私立醫院的三樓就是修女的修道會，二樓的兩個房間用來充當小教堂，佈置了文笙．惠地院長從都柏林帶來的聖壇。

到一九二〇年代中期，醫院的成長與醫療服務的擴展，意謂著有更多修女在聖母丘（Mater Hill）服務。私立醫院裡的臨時修道院再也無法容納這麼多修女，而且病患也需要這些空間。一九二五到二六年間，在私立醫院的最西側建了一幢新的修道院。然後又在一九三二年擴建來容納愈來愈多的修女。每道走廊都設有公共淋浴室和廁所。我們的毛巾放在自己的房裡，掛在床尾的欄杆上。洗衣房位於修道院的一側下方，負責醫院和修女的所有清洗工作，包括我們的個人衣物。修道院裡根本沒地方讓我們自己清洗和曬乾衣物。有幸這些都已經改變了，聖母修道院的修女現在已經有設備可以照料自己的衣物了。

夜課經之後應該是大寧靜的時間，但我們當護士的會回去照顧病患，讓他們可以有個舒適的夜晚，幫他們理理枕頭、拍拍寢具、確保他們的腳部不會太沉重。對我而言，那是一天中最棒的部份。當我幫病患把被子掖好，跟他們說聲：「晚安，願天主保佑你」，他們的喜悅和感謝總是令我大為驚喜。

我住在修道院的那些年，有好幾位院長治理過修道院。達米恩．敦肯院長是我遇到的第一位。我發現她是位體貼的人，非常容易親近，也喜歡有趣的事。她來自溫頓（Winton），流露出昆士蘭鄉下人的溫暖和友善。德．香黛兒．詹姆斯院長（Mother de Chantal James）連續在我當護士的那幾年擔任院長。我第一次見到她時，德．香黛兒院長問我在哪裡工作、在哪裡睡覺、晚上通常幾點休息。我說我在公立醫院的病房工作、我的房間在聖派崔克廊、我都過了十一點半才回到房間，心裡預期著她會有同情的反應。但她的回答令我非常意外：「既然這樣，修女，我希望妳放輕腳步、安靜地在走廊上走路，免得吵醒其他修女。」

紀律森嚴的管理

德．香黛兒院長一輩子的職業生涯都是院長，也用不著奢望她會了解或感受得到我們在醫院裡度過漫長、疲憊的一天要承受什麼樣的負擔。至少，這是我對她的經驗。溫和的瑪莉・聖瑪格麗特修女（Sister Mary St Margaret）則是全然的對比。她以前是老師，會靜靜地關懷我們。對於自己在聖母修道院擔任這個職務的能力，她有不同的看法。如果現場很安全，只有善解人意的人在場，她會嘲笑自己缺乏醫院運作的知識。

所有的院長都強行實施嚴苛的規矩，名義上是確保我們有一個規律、有秩序的生活。部分的制度似乎不必要地嚴峻，即時在當時也是。無論我們收到或寄出的信件都會被院長看過，我們大多認為此舉侵犯我們的隱私，很不尊重。在四旬期和將臨期期間，所有的信件都被扣留起來，作為一種補贖。這對愛爾蘭的修女是一種恐怖的規定，因為這剝奪了她們與家人聯繫的機會。當然結果是可以預期的。我記得有一年的聖誕夜，在將臨期結束時，約瑟芬・香儂修女（Sister Josephine Shannon）終於拆開了家裡寄來的信，只看到一張小剪報掉到地板上。我把紙片撿起來，她問我那是什麼。剪報是一則死亡通告。我把內容唸給她聽，這才知道她母親大概三星期前過世了。雖然在將臨期之前，她就已經知道母親生病的事，但我還是可以聽到她痛徹心扉的哭泣聲。

紀律也統治了醫院。依照慈善修女會當時的慣例，我開始在聖母私立醫院接受護理訓練，而世俗護理備修生則在聖母公立醫院受訓。我記得當我晚上站在聖母醫院的陽臺上，家鄉和家人的記憶就會湧上心頭。南布里斯本星羅棋布的房子，似乎在告訴我一家人晚上團聚的快樂氣氛。但是，這些房子現在大多已經從景觀中消失了。事實上，那些蓋在自己一小塊土地上的小木屋，已經快要從整個布里斯本消失殆盡了。南布里斯本的這個地區從來就不富有，而這個人口統計上的事實也是慈善修女會決定要在這個地區蓋醫院的主要原因。

在一八九〇年代，慈善修女會決定在南布里斯本購買土地，打算蓋一所公立醫院。當時，只有極少數具影響力的人士看得出這個想法背後的智慧。修女們原本在河對岸的北碼頭的醫院服務，有醫生從她們那裡聽到這項提議，便強烈反對。他們覺得人民不會願意駕著單人馬車越過維多利亞大橋來醫院看病。同樣令人沮喪的，是多數人都認為布里斯本河的南岸永遠也不會有太多人口。

但是，修女們知道自己的目標，就是在河的南岸蓋一所公立醫院提供與河北岸的布里斯本綜合醫院（the Brisbane General Hospital）所提供的相同服務。窮人是修女們的主要考量，她們知道自己不能偏離這個立場，儘管要面對大眾懷疑的眼光。

後來，他們瞭解如果沒有確定的收入來源，絕對不可能應付一所公立醫院的開支。所以，他們決定建一所私立醫院，再用收益來建造和支持聖母公立醫院。想必她們記得耶穌派門徒出去時所說的話：「靈巧像蛇，馴良像鴿子。」因此，聖母私立醫院先在一九一〇年開幕，然後公立醫院在一九一一年開幕。我們不得不猜想，如果那些當先鋒的修女們可以參觀二十一世紀的聖母醫院，看看陡峭的南布里斯本地區如何經歷不同凡響的轉變而成聖母丘，她們到底會怎麼想。我想她們會引用凱瑟琳．麥克奧利的遺言：「如果是天主的旨意，就會成功，如果不是，那就會失敗。」看來這的確是天主的旨意。

沒想到我竟然認識四位原本在奧比尼（Aubigny）服務的修女。奧比尼是於一九〇六年建在北碼頭的臨時醫院。我認識的四個修女是法蘭西絲．瑪莉．費茲傑羅修女（Sister Francis Mary Fitzgerald）、瑪莉．艾德蒙．史翠奇修女（Sister Mary Edmund Stritch）、瑪莉．菲莉克絲．麥克伊納寧修女（Sister Mary Felix McInerney）和瑪莉．艾絲幸．敦恩修女（Sister

Mary Assisium Dunne）。瑪莉・艾德蒙修女很有急智。我不斷聽到她的一個故事。有個女人因為不滿意第一個醫生，所以換了一個，後來她住進聖母私立醫院。有一天早上，她的第一個醫生碰到瑪莉・艾德蒙修女，便問起那個女人的情況。

修女回答：「醫生，她已經死了。」

「修女，那她的好醫生現在有什麼想法？」

「醫生，他也認為她死了。」說完，修女就繼續走她的路。

像這樣的幽默故事，是我們生活中不可或缺的部份。

我剛到聖母醫院工作時，醫院已經變成布里斯本最大的私立醫院了。在瑪莉・多明莉卡・斐倫修女（Sister Mary Dominica Phelan）嚴格、確實的治理之下，聖母醫院已經備受病患和執業醫生的尊敬，特別是外科醫生。在一九三〇年代，醫院東側增建一幢側房，多了私人房間、非單人病房裡的二十四張病床、一部電梯、一個護理站、備餐室、雜物間、浴室、廁所、貯藏室和員工餐廳。這項大型擴建案使得原本的醫院必須進行大幅度的調整。手術室都被拆除了，然後在原本病房的位置安裝兩間新的。新的手術室在一九三七年八月完工，就在我去的十年前。新的病房暨現代化又舒適，有嵌牆的衣櫥、日光燈和落地窗。所有的新房間都可以開門走到陽臺，欣賞布里斯本的美景。我在聖母私立醫院的大部分時間，都是由瑪莉．馬瑟琳．奇荷修女（Sister Mary Marcelline Kehoe）擔任護士長。她長得高高瘦瘦的，非常有效率，但我覺得她有點嚴厲。

護理課程由親愛的瑪莉．克里特斯修女（Sister Mary Cletus）執教。每天結束護理工作後，我們必須去上課，就像是「在職訓練」。有時候我運氣很好，被派去協助的負責修女有快樂的人生觀，還會在鋪床時唱歌，教我如何讓病患舒服一點。瑪莉．蘿貝塔修女（Sister Mary Roberta）就是典範。跟她一起在聖母私立醫院頂樓六人房的女病房工作，留下許多快樂的回憶。跟著她學習，是件很容易的事。

不過，有時候我跟著高大、冷峻的瑪莉．尤查莉亞修女（Sister Mary Eucharia）受訓。她用嚴厲、慎重的口氣跟我說話，顯示出她的標準是不接受不確定的說法。在這種情況下，我總是不確定該怎麼說，經常表現得很笨拙。有一次，我聽不懂她的指示，她就在病患面前指責我。我覺得很丟臉，但我注意到病患眼中的淚水。顯然，她因為害我被責罵而感到沮喪。那件事和其他的類似事件讓我深信我永遠當不了好護士，而且有一天我一定會被派回萬聖院。不過，這件事從來沒有發生。

瑪莉．尤查莉亞修女負責「水晶室」，那些高檔的房間裡裝飾了水晶花瓶和美麗的磁器。那些病房是給有錢或尊貴的病患住的。無論規劃如何完善，出乎意料的事情也會以最出乎意料的方式改變原本的規劃。有一次，有位病患從墨爾本來到聖母私立醫院，準備由她選擇的外科醫生喬治．布蘭迪斯醫師（Dr George Brandis）幫她開刀。在她到達之前，布蘭迪斯醫師告訴我們病患來自富裕的家庭，意謂著我們應該儘可能滿足她的一切需求。所以，我們做好一切準備；然後，那位女士來了。我們以為她會是位可人的女士。

然而，在她開刀的那天早上，她突然按了好幾次鈴，因此我和瑪莉．尤查莉亞修女就衝進去。病患極度地焦躁不安，還說有個男人進到她的房間，看著她說：「我是禮儀師。」我們目瞪口呆、非常驚恐，完全無法解釋。因為我們很靠近病房，根本沒看到有會做這種事情的人出現。我們猜想是否手術前的藥物對她造成影響。可是，我們推她進手術室時，她還是很沮喪。我們跟布蘭迪斯醫師說明她的恐懼，他也跟我們一樣困惑。我們回到病房，互相對看了一眼，心裡想著：「拜託這種事不要發生在『這個』病人身上！」

手術很成功，女病患的進步也很快。然後，就在手術後的幾天，病患又很急切地按鈴，我們同樣地衝進去，只看到那位女士笑個不停。她告訴我們：「那個『禮儀師』又來了。他站在床尾，然後說：『需要紙嗎？』」原來罪魁禍首就是大家喜愛的送紙工喬治，他每個早上都會繞一圈。病患後來順利回到墨爾本，我們的名聲也保住了。接下來的幾年，大家都忘不了這個故事。

另一個比較不幸的故事，發生在我在水晶室值班時。當時的病患是昆士蘭州長法蘭克．尼克林（Frank Niclin）的妻子喬琪安娜．尼克林夫人（Mrs Georgina Nicklin）。有一天近半夜時，大約十一點半，尼克林先生從坎培拉（Canberra）開會回來的路上，順道來探望他的妻子。我領著他到她的病房，他停留了一段時間才回去位於陽光海岸的家。不幸的是，在毫無預警的情況下，尼克林夫人當晚就過世了。

我的師徒制訓練為期四年，訓練期結束時，我們以專業護士的身份畢業。在受訓的那幾年，每六週會有半天休假。我不知道其他同事如何度過他們休假的時間，但我的休假時間都用來泡腳。我的雙腳需要細心的呵護，因為鞋子都是從過世的修女傳下來的，可不見得合腳呢！

雖然有很多不舒服的狀況，但對於如何直接應付病患，訓練課程可教給我們很棒的技巧。訓練課程也教我們如何讓病患舒適、如何傾聽他們、如何了解他們家裡的狀況、如何泡一壺好茶，倒在瓷杯裡，跟著放在成套的盤子上的自製思康餅或蛋糕，一起端出去。

在那個時代，病人都被限制在病床上躺很久的時間。舉例來說，膽囊切除術的病患被限制要躺四個星期。因此，我們會認識他們的親朋好友，跟許多病患也變成一輩子的朋友。聖母公立醫院有分外科病房和內科病房，但聖母私立醫院則不一樣。聖母私立醫院的每個側房同時住了外科和內科病患。我獲得許多照顧病患的經驗，當然也收到各種抱怨。以醫院為基礎的護理訓練已經消失了，而且也必須消失。然而，我希望現代的護理研究一定要包含適當的、實際的、及謹慎監督的床邊經驗，這些都是訓練有效護士的重要元素。

喜迎妹妹妞拉到來

有件美妙的事情照亮了我受訓的日子：妞拉來了！在一九四九年二月

二十五日，妞拉和其他五名女孩抵達了南布里斯本火車站。她們從火車站走出來，以為會有修女來接她們。但是，她們搭了提早一班火車，所以根本就沒有人去接她們。兩位北昆士蘭的神父看到她們的困境，但又不知發生了什麼事，於是就打電話給萬聖院。神父們以堅定的語氣告訴接電話的修女他們對慈善修女會的看法，是否慈善修女會根本就不關心這些女孩，連來這裡接她們都省了。後來，萬聖院請神父叫兩部計程車將女孩們送到萬聖院，到那裡她們會付車資。

當她們抵達時，雙重的歡迎正等著她們。當時的院長艾爾班．薩門修女（Mother Alban Salmon）接待她們時，問到沒有看到任何人去接她們的當下，心裡在想什麼。她們回答：「我們還以為來錯地方了。」一聽到這句話，體貼的艾爾班院長再也承受不住。她跑回房間，眼淚和悲傷席捲而來。她的心因為所發生的事情而痛。她們享用了一頓豐富的下午茶，不久之後，我就到了，簡直不敢相信妞拉已經平安到了這裡。雖然我們一直住在不同的修道院，但從那天起，我們就再也不曾分開了。

即使在炎熱的二月，這五個女孩還是依慣例穿著黑色嗶嘰呢。她們沒有多做耽擱就被載到納吉，等著她們的當然就是蚊子。六個月後，妞拉和她的同伴便前往巴頓（Bardon）開始正式的宗教訓練，並努力讀書來取得教師資格。妞拉和其他的小組成員在一九五二年一月十四日第一次發願，成為慈善修女會的一員。然後，她被指派任職於萬聖院，並在那裡教學十二個月。隔年，妞拉獲准停職，專心讀書。

不幸地，一九五〇年代的禍害——肺結核——從中作梗。妞拉在聖母醫院度過接下來的三年，而且完全被限制在一個小房間。再一次，修會嚴格的規定使這段時間更讓人焦急。我們不准把妞拉生病的事情告訴母親。我想，大概是害怕我們父母會認為布里斯本修會沒有好好照顧我們。

幸好，達米恩院長比較貼心的作法解決了這個難題。我母親寫信給我，說她知道有事情不對勁，而且她「有權利知道」。當時，達米恩院長允許我透露這個消息。修會應該要想得到當母親的會對孩子的福祉有第六感。幸好妞拉正在慢慢康復中，我們也可以停止這些小伎倆，不需再遮掩妞拉病重的事實。

妞拉終於出院後，就到柏德斯特（Beaudesert）去，在瑪莉・溪南修女（Sister Mary Senan）的細心照護下休養。修女在二〇〇七年度過一百歲生日。妞拉在柏德斯特期間，教音樂的修女生病了。妞拉抱著嘗試的精神接下教學的工作，甚至還訓練他們準備考試。在一九五八年，她回到萬聖院，修會也決定相較於課程教學，音樂教學對她比較不費力。

儘管親姐妹和宗教姐妹的陪伴帶來很多喜悅，但也不能完全免除當時的所有護士見習生面對的各種恐懼。某天一大早，林區醫生（Dr AJ Lynch）正在外科病房巡房，有個男人突然被推了進來。他劇痛到在床上打滾。讓我們驚訝的是，他是德國人，不會講英語。在林區醫生試圖診斷疼痛來源的情況下，這可是個大問題。當然，當時並沒有翻譯員。

萬幸的是，有位來探病的神職人員會說德語。在林區醫師的指示下，這位受歡迎的翻譯員開始詢問病患有關疼痛之事。他用德語問：「疼痛是從什麼地方開始的？」等到病人設法擠出答案後，神職人員就站起來，看著急切等待的我們，然後說：「他說疼痛是從德國開始的。」雖然有點丟臉，但在當時病房裡這麼緊張的情況下，我們都笑了。林區醫生和翻譯員繼續一來一往地問問題，最後診斷為闌尾破裂。

最令我難堪的經驗是瑪莉．尤查莉亞修女叫我清洗病患的假牙。整件事至今能歷歷在目，而當時發生的病房，現在是聖母醫院醫療研究機構主任的辦公室。我得要拿個玻璃皿，在裡面裝水，手裡拿一條小毛巾，把毛巾放在病患下巴，請她將假牙放進玻璃皿。在那個年代，即使最基本的程序，也要儘可能以優雅的姿態來完成。

我依照指示做了，然後離開病房，到浴室的洗手臺去刷洗假牙——當時病房都沒有衛浴。我將假牙仔細沖洗，在玻璃皿裡裝乾淨的水，再將假牙送回去給病患。我急著證明自己可以把這件事做好，便踩著輕快的步伐走回病房。突然，我的袖子鉤到門的握把，整個人就突然被拉住。當然，不可避免的事情就發生了。就在病患眼前，上下假牙從玻璃皿裡飛了出去，一路滑過擦得光亮的拼花地板，直到撞到小床頭櫃才停住。

我儘可能地裝做沒事，彎下身把假牙撿起來。看到它們完好無缺，讓我鬆了一大口氣。然後，我又走回浴室再沖洗一次，第二度回來病房，腳步變得比較慢、比較謹慎，病患和假牙才能重新團聚，不會發生意外。

我帶著堅定的決心，走回浴室，緊握雙手，請求天主帶我離開聖母醫院，因為我的神經再也受不了了。那已經是六十年前的事了，而天主仍然什麼事也沒做。

護理工作的歲月

在病房工作了幾年之後，雖然心中充滿恐懼，但我還是在一九五〇年代初期被派到聖母私立醫院的手術室。當時有聖母醫院最受愛戴的葛楚德．瑪莉．里昂修女（Sister Gertrude Mary Lyons），在她體貼的照顧下，我在手術室度過六年快樂的時光，真是令我驚訝。葛楚德．瑪莉修女也是在愛爾蘭出生的。她是派崔克．波特院長（Mother Patrick Potter）在愛爾蘭尋找新的試修生時「聚集」到的，並在一九二四年跟其他四十八位試修生抵達布里斯本。在一九二七年，她被派到聖母醫院，受訓當護士。她對這項指示沒什麼意願，我深深了解這種感覺。儘管如此，她對瑪莉．多明莉卡．斐倫修女在聖母私立醫院優良的訓練頗有體認，成為第一流的手術室護士長達三十年。醫院裡大家都叫她「葛蒂」，也很受外科醫生的讚賞。葛楚德．瑪莉修女教導我一切應注意的細節，以便照顧來開刀的病患，例如要在門口接待他們、以名字來稱呼他們、跟他們說我們已經為他們做好準備、我們會好好照顧他們、並盡快將他們送回病床等等。雖然戴著口罩，也要帶著微笑來做這些事！由於對病患的照護凌駕一切，我們被告知即使外科醫生在手術時提出最大聲、最無理的要求，無論什麼刺激我們都不需理會。一旦手術結束，我們可以有所質疑，我們也確實這麼做。我發現，跟最棒的外科醫生一起工作是件令人愉快的事。他們非常有信心，如果事情不順他們的意，也不會推諉怪罪護士。不知道現在是否仍然如此。

葛楚德．瑪莉修女給我的另一項建議，一直跟隨我至今。她建議我，一旦有人知道你在手術室工作，就會問你某某人進行什麼手術。即使你在手術現場，也知道事實，但一定要回答：「我不知道。」因為就那個個人而言，你「不」知道。

第一場手術從早上八點十五分開始，然後有如軍事般的節奏，手術一場接一場，直到傍晚，有時甚至到晚上。我們穿戴著特殊的衣服和頭巾，所以當我們中午去修道院的餐廳吃正餐時，會在外廊上用餐，避開其他修女。我們工作得很辛苦，在手術之間的空檔盡可能清洗和消毒器械，還沒有現今可用的設備幫忙。在一九五〇年代，手術室裡並沒有高效率的消毒器。如果器械不小心掉到地板上，必須加以清洗、沖洗、放在水裡煮沸。有位很沒耐心的外科醫生不斷大呼小叫著要某項器械，可是那項器械正遭遇了上述狀況。我去看看處理得怎麼樣了。我發現葛楚德．瑪莉修女站在滾水旁邊，祈禱著：「耶穌！聖母瑪利亞！聖若瑟！趕快把這東西消毒好吧！」因為後來沒有感染狀況，想必那段禱詞和滾水已經做了應做之事。

在手術室結束一天之後，我們會拿起水桶，用肥皂和水刷洗牆壁和地板，為明天的手術做好準備。良好的衛生狀況是我們的優先考量。我們一邊工作，一邊唱歌。有時候會在晚上進行緊急手術，之後我們必須將每間手術室準備好，以備隔天早上的第一場手術。病患的福祉最重要，絕對不能聽天由命。我們永遠都是準備好的。我們迎接醫生和病患的來臨，他們也很滿意我們已經為當天的工作做好萬全準備。我們知道每位醫生的要求、他們特別厭惡及特別喜歡的東西。有時最好由特定的刷手（修女）護士與相同的醫生配合，以確保手術進行順利。每位修女都知道她要協助醫生。

病患是我們一切作為的重點。除了有位女工會在手術間的空檔清理器械之外，其他所有工作都由慈善修女會的修女來做，當然是沒有薪水的。

如此一來，私立醫院的收益就可以繼續幫助聖母公立醫院。等晚上所有醫生都離開後，葛楚德・瑪莉修女會搬出她那部古老的留聲機，播放愛爾蘭的舞蹈音樂。我會跳踢踏舞，在刷洗的空檔，我還會跳段吉格舞或里爾舞。葛楚德・瑪莉修女必須一直轉動把手，才能讓音樂持續下去。那段時光真是美好。

手術室裡的種種

現在，每當我聽聞醫院裡的醫生因為道德操守接受調查，就會想到許多年前發生在舊聖母私立醫院手術室的一個事件。那是星期一早上，我們已經準備進行當天的手術。有位要幫病患開刀的醫生準時到達，但是葛楚德・瑪莉修女去迎接她時，驚訝地發現醫生渾身酒氣。當天是我擔任那位醫生的刷手護士，所以葛楚德・瑪莉修女把我叫去，告訴我她對醫生的能力有所質疑。我們一起跟麻醉師說這件事，葛楚德・瑪莉修女跟他說她不准病人送到手術室。然後，我們倆人也勸告醫生本人。醫生極端地生氣、暴怒，並要求立即將病患送到手術室。我們拒絕，手術也取消了。

這個事件被呈報到昆士蘭醫務局（the Queensland Medical Board），

我和葛楚德．瑪莉修女被要求出席一場聽證會。我記得我們坐在一群醫生面前的那一刻。其中一位醫生是萊諾．路金醫生（Dr Lionel Lukin），因為他在聖母醫院的工作，我們對這位外科醫生非常熟悉。他看得出我們非常緊張。我們以前從不需舉報外科醫生。路金醫生謝謝我們的作為，安撫我們的恐懼，並說醫務局已經聽聞過那名醫生的酗酒問題，但沒有人提出過特定的投訴，幫不了他們。醫務局立即行動，而那名醫生再也不能進行手術了。我們對損失一位有能力的外科醫生而難過，但如果他當初能夠克服酗酒問題，他現在仍然可以當個有能力的外科醫生。

手術室裡發生過許多快樂、悲傷、意外、有趣和特別的事情。有件事我記得很清楚。有一位高大魁梧的外科醫生嚇到一些沒經驗的修女，跟他的麻醉師發生口角。我人在手術室裡，擦洗雙手、雙臂，準備手術。他們的情緒變得非常激動，結果麻醉師跳起來往外科醫生的足脛踢了一腳。外科醫師大叫一聲，開始在手術室裡亂跳，試圖減輕疼痛或憤怒。我慌亂地打手勢叫葛楚德．瑪莉修女進來，她就進來了。她快速地評估狀況，然後悄悄地站在醫生背後，拍拍他的背，輕聲細語地問：「怎麼了，小乖？」聽到這麼溫和的話，怒氣都消失了。人類對仁慈和冷靜的反應比嚴厲的批判來得好。葛楚德．瑪莉修女是個很好的心理醫生，也是有天份的手術室修女。

晚年時，葛楚德．瑪莉修女的下肢血液循環不佳。終究是到了她的雙腿從膝蓋以下都必須截肢的時候。蓋文．凱洛醫生（Dr Gavan Carroll）非常了解她，也很愛她，準備要幫她麻醉。他跟我說：「我們應該祈禱，不要讓葛楚德．瑪莉修女活著面對我們對她做這些恐怖的事。」

葛楚德．瑪莉修女沒有死，她接受了她的苦難，就像她曾經幫助過無數人承受他們的苦難。手術復原之後，她搬去納吉的修女療養院。有一天，她回到聖母醫院來參加宴會。我們正準備幫她下車時，一位認識葛楚德．瑪莉修女多年的醫護員跑過來說：「用不著輪椅了。我自己可以抱修女。」他抱起嬌小的修女，並叫她用手臂抱緊他。

她的回答一如往常地親切：「我很樂意。我可不常有這種機會。來吧！」我非常了解這個回答。因為在我一生中，我一直相信我認識的那些最親切、最好的修女，同樣也可以變成最棒的妻子和母親。這兩種職業都需要有同樣慷慨的精神。

病患給了我們很多可以思考的東西。有一天，我正要經過聖母醫院的大門，發現有名原住民男性站在外面。我若無其事地走過去跟他說話，看看是否有人照護他。我問他是不是病患，他很快地說是。然後，我問他我們是否有好好照顧他。聽到這話，他馬上拉起襯衫，讓我看一道長長的疤痕，已經完全癒合了。他迫不及待地想說話：「我之前在醫院待了兩個星期。在那段期間，每天都有豐盛的三餐，還有早茶和午茶。在那段期間，我床上都有乾淨的床單。現在，他們叫我每三個月回來一次，大家都認識我。」

這個男人對生活的要求如此渺小、他對最些微的服務如此感激，令我深深感動。我感謝天主，聖母醫院不僅給予優良的專業照護，而且是用愛和慈善來給予。無論在任何醫院，專業照護都非常重要，但我們不能忘記，以最廣泛的角度來看，慈善和慈悲才是對病患的福祉最重要的。

我生命中曾有兩年是在聖母兒童醫院（the Mater Children's Hospital）度過的。那是最辛苦的兩年。我懷疑有人看到生病的孩子會不覺得痛苦，特別是身為父母親的。當時，所有的兒童醫院都認為父母應該將孩子送到病房，把必要的資訊告訴護士，然後就要離開，等星期天下午再來看他們兩小時。聖母醫院也不例外。許多孩子來自鄉下，想必孩子和父母都因為分離而深感痛苦。

我記得有一個大約五歲的小女孩，她來這裡看一位專科醫生，但醫生在布里斯本的好幾間醫院都有職務，因此他總是很忙。小女孩待在病房裡好幾天，等醫生來到聖母醫院。在那段期間，她像是其他孩子的小媽媽，在他們哭泣時拍拍他們、安慰他們。然後，有一天傍晚，她動了個手術。當我依慣例在晚上八點回到病房，我就去看她。我發現她獨自一人在默默啜泣。她在頭痛，但沒有人來安慰她。我蹲在她的小床旁邊哭泣。這樣的經驗帶給我不好的影響。

我們都知道，小孩子身上都有很多細菌。抱了一個孩子在懷裡安撫，他可能就會送你一個噴嚏當禮物，甚至還朝著你的臉而來。我因此得了很多兒童疾病，並且不斷消瘦。有個聰明的麥特·亞諾醫生因此建議不要讓我待在兒童醫院。

轉往成人公立醫院任職

所以，我就到了成人公立醫院（the Adult Public Hospital）。當我發現自己身處於南丁格爾式的開放病房，感到有點驚恐。病房裡有三十位左右的病人，無論誰走進去，全部一覽無遺。病床全部靠牆排放，護士辦公桌則放在正中央。當然，監督管理相當簡單，但卻毫無隱私可言。要進行個人護理時，耐用又美麗的簾子就會被拉起來將病床隔開。

每一間病房都有一位慈善修女會的修女負責。因為資深修女擁有多年的經驗，所以她們都有驚人的淵博知識，但對害羞的年輕護士則有些可怕。年輕醫生如果願意聽她們的話，必能獲益良多。我經常親眼見識他們對照顧病患有多麼用心。我特別記得瑪莉．聖安妮修女（Sister Mary St Anne）、瑪莉．阿隆索修女（Sister Mary Alonso）、瑪莉．布萊德修女（Sister Mary Bride）、和瑪莉．艾爾瑞德修女（Sister Mary Aelred）。

剛開始，我有點害怕瑪莉．艾爾瑞德修女；但不久之後，我就知道她是女性外科病房裡年輕護士的良師。她負責管理女性外科病房許多年。她教導我們如何進行某些特定手術。下一次要進行這些手術時，她會站在一旁觀察，確保我們知道該怎麼做。一旦她認為我們已經了解整個程序，她就會放手給我們。她沉靜寡言，但她一開口，我們都專心聆聽。

瑪莉．布萊德修女在一九〇一年出生於愛爾蘭，她負責管理第一病房，也就是聖母私立醫院的男性外科病房。她是位很受尊敬的頭部傷害護士，她也在病房的一個小區域設立了第一個加護病房。她跟我說了一個在她主管期間發生的溫馨故事。有一天格外忙碌，她忙到沒有時間在正午去修道院吃午餐。到了下午兩點，她決定去醫院的廚房，不僅要找東西吃，也可以跟安妮修女訴訴苦。她幾乎快要走出門了，突然有人從病床上叫住她。她立即的想法是：「我到現在還不能休息嗎？」無論如何，她還是彎下腰去探視病患。接著，病人從床單底下拿出一顆蘋果給她，說：「修女，我注意到妳今天都沒有離開病房，所以我把正餐的蘋果留給妳。」她熱淚盈眶，那顆蘋果珍貴到她不想把它吃掉。所有修女都備受尊重。護士都知道要遵從她們，病患也都喜愛她們。

當病患的狀況惡化時，資深修女都會有神奇的第六感，醫生也很重視她們的意見。還有文笙．瑪莉修女（Sister Vincent Mary）和瑪莉．艾德溫修女（Sister Mary Edwin），她們負責的手術室就是昆士蘭糖尿病中心（the Queensland Diabetic Centre）的現址。另外，瑪莉．艾曼紐修女（Sister Mary Emmanuel）在耳鼻喉科和眼科門診部服務多年，位於現名為「惠地樓」（the Whitty Building）的一樓。我帶著敬意將她們牢記在心。我似乎還看得到她們拖著姆囊腫的雙腳，吃力地在長石梯上上下下，從醫院到修道院，一天數次。她們全心全意地熱愛聖母醫院。如果她們能夠親眼見證現今在病患照護上的進步、以及服務和建築的擴展到如此卓越的地步，會感到多麼驚奇！

病患的精神照護是首要重點。各個宗教的牧師會在必要時被叫喚來服侍他們的信眾，也會確保他們的隱私。對於天主教病患，神父每一天都會帶聖體給他們，而負責每一個病房的修女則會在下午五點大聲朗誦玫瑰經，但這項做法已經在一九八〇年代廢除了。護士也會一起祈禱。祈禱時，各種宗教的病患都保持安靜，因為他們知道這是為了讓他們早日康復。現在，這種情況很難想像——生活步調和社會氛圍也許不太適合這種古老的作法了。

公立醫院的很多兒童和成人病患都來自公共運輸設施不良的遠方。如果他們必須回醫院來看專科醫生，獲得進一步諮詢和治療，就必須為他們仔細考量。舉例來說，如果他們必須看眼科醫生，就會告訴他們醫生星期一下午或星期二早上有空，他們可以趁工作或交通況狀適合的情況下來看診。結果就是沒人知道有誰或多少人會在特定時間出現在成人及兒童聯合門診部。門診部位於鄰近聖母兒童醫院的老舊昆士蘭式木屋，醫院藥局也在那裡。我們經常可以看到門診相當混亂的景象。彼得・貝德・英格利許醫生（Peter Bede English）是位親切又知名的眼科醫生，有一天當他在門診部看診時，就發生了一個不令人意外的事件。

正如預期，要看他的病患隊伍很長，也都依照抵達順序叫號。有位女士稍微遲到了，但瑪莉・艾曼紐修女保證她一定看得到醫生。那位女士總算依序看到英格利許醫生，在場的還有五位醫學院學生。醫生和每位學生都檢查了她的眼睛，並告訴那位女士十五分鐘之後再看她，讓眼藥水生效。時間到了之後，病患回去看醫生，連同五名學生再度一一檢查她的眼睛。然後，醫生將診斷結果告訴她。聽完之後，那位女士有些遲疑地看著醫生，顯然有個她不願意開口的問題。經過些許鼓勵之後，她開口說：「醫生，你真的很和善、也很體貼。你和這些年輕醫生都很仔細地幫我檢查……可是，醫生……你穿絲襪時，難道不需要很費力嗎？」

生離死別

我剛開始從事護理工作那幾年的挫敗感，主要來自於我擔心自己命中注定要在醫院一輩子。但是，認識和了解一個大不相同的新國家所帶來的挑戰，也不容小覷。如果不承認這是部分原因，那就太不誠實了。有一天，我和兩位聖母醫院的修女——倆姐妹——簡單的對話打醒了我，體認到太過想念家鄉其實徒勞無益。這倆姊妹告訴我，只要她們有時間相聚，像是假日之類的，都會談論家裡，結果通常都以淚眼相對收場。這件事對我產生立即的震撼。我感到她們生活在愛爾蘭和澳洲之間的夾縫地帶，不在這裡，也不在那裡。我心裡想：「真是浪費！既然你的心從未離開愛爾蘭，當然也不會在這裡了。」

她們心繫著多年前離開的土地，記憶中的故土有如一張羅曼蒂克的照片，就像是湯馬斯．摩爾寫的「烏托邦」，但我知道卻早已人事全非。就在這個時候，我下定決心不要像這個樣子。我離開故鄉來到澳洲，是要將一生奉獻天主。我要愛澳洲，把我最好的給澳洲，無論我在何處、無論人家叫我做什麼。

這並不表示我對愛爾蘭的愛會減少。我永遠都不會失去那份愛，但我要將澳洲當成第二故鄉來愛。我經常回想那個時刻。當時，對我而言，心理學只是一個詞彙。但我了解我的決定讓生活變好了。在那個時刻，我的心理自由了，回到現實，完全以第二故鄉為家。那次偶然的對話讓我明白自己所在的時間和空間。

那些年已經過去了，但其他日子的記憶仍刻印在我的腦海中。我完全無法預測生命會施捨我什麼。回顧過去這些年，我試著回想許久之前的那天早上在我家廚房談話的結果。我父母和塞斯頓神父討論著我想當修女的決心，改變了我整個人生，並引導我走向一個我無法預測的方向。我也曾經有過痛苦的時刻，懷疑自己是否走對了路。我離開故鄉和家人來到這塊土地，當時它是如此遙遠，幾乎沒有回家的可能，甚至連回家探訪一下的機會都沒有。

我知道我曾經跟數百萬人分享過這些經歷：我感覺我在布里斯本的生活、和我在愛爾蘭所熟知及熱愛的一切，兩者之間存在著浩瀚無垠的距離。為了某些理由，那些人離開祖國，去到陌生的國度展開新生活。我也知道這些經歷不只發生在愛爾蘭人身上。在南布里斯本的醫院工作，在市區裡的大街小巷穿梭，除非我完全沒知覺或聾了，否則不可能不知道附近許多人都不是在當地出生的。到處都聽得到歐洲語言。年邁的希臘婦女深色的穿著也是常見的景象。義大利食物開始出現在商店裡，報紙也經常提醒布里斯本的民眾社區裡又多了數以千計從東歐來的難民。聖母醫院的病房就像個小型聯合國。跟我一樣，這些新移民都必須適應環境。來到一個新國度，把親愛的家人留在祖國，讓我對其他的新移民產生強烈的共鳴。近幾年來，還有很棒的臺灣人移居來南邊，靠近我和妞拉退休後我住的地方，我也同樣有共鳴。

我們透過信件和家人保持聯繫，了解他們在家鄉的生活。我們知道他們的生活中發生什麼事，他們也知道我們的生活。但是，那些信件通常要兩個月才寄得到。萬一家裡有人生病、或有其他問題，我們只能猜想從信件寄出來到抵達布里斯本的這段時間發生了什麼事。現在，從愛爾蘭寄出的信只要一週或更短的時間就可以到，而電話和電子郵件更讓我們可以立即接觸，即使兩個國家相隔了一萬四千英里。我從來沒想過可以有機會回愛爾蘭探望家人。幸好，我已經有機會這麼做了，但每次回家探望只是不斷提醒我，時間已經產生無可避免的影響，而我出生的家已經小很多了。他們在愛爾蘭而我不在，我因此錯過了多少他們的生活，這一點令人想到就難過。

手足萍踪

我到澳洲沒幾年，父親就過世了。他在一九五四年十一月四日因為突然腦出血而死亡。他之前被送到蓋爾威地區醫院（Galway Regional Hospital），那是距離我們家六叉農場最近的大醫院。我哥哥凱文住在蓋爾威，認識那間醫院。重要的是，醫院也認識他。在我父親過世前那段哀傷的日子，我母親跟凱文住在一起，經常一起在父親床邊陪伴他。我母親花了一點時間才從失去父親的痛苦中恢復，我們可以理解，但我們也都很擔心她。在那段時間，是家人的照顧和她的信仰支撐著她。

我大哥尚恩是激烈的愛國份子，若不是遇上美麗的柏妮・康納利（Berney Connolly），可能早就給自己和其他人惹了大麻煩。他娶了柏妮後，生了四個孩子。他們住在林穆瑞克。在一九八七年，尚恩運動神經元疾病發作，幸好沒有折磨太久，在六十七歲時過世。

尚恩的長子凱文（Kevin）在一九九四年突然辭世。他當時七十三歲，但我們覺得他看起來很年輕。在《康納克論壇報》有一篇弔辭是這麼寫的：「凱文是位法律書籍和文章的書迷，也是公推的『地方政府法』及『行政法』專家。」

凱文很有急智，也是個故事高手，很多故事都是來自於他的真實經驗。我還記得一個故事。事情發生在會議室，當時市長邀請某位市議員跟他說明某項地方法規的意涵，以及在那項法規下什麼可以做、什麼不能做。正當市議員打算站起來回答，會議室裡另一外愛開玩笑的人打斷他：「市長，千萬別讓他解釋。事情本身就已經夠複雜了！」

我們回家度假的機會不多，但我和妞拉都喜歡去蓋爾威住在凱文家。他家裡有四間臥室，在我們準備睡覺前，電毯早就已經開了，枕頭也放在熱壓機裡，這些他都不會忘。我父親過世後，凱文事實上變成我們家的爸爸。他一輩子未婚，為人熱心慷慨，非常聰明，完全不會做卑劣的事情。

他對我們好到無法形容，所以在一九九四年的聖誕節下午，當我們得知凱文前一天晚上因為心臟病發作而突然逝世，而且沒有人在他身邊，真是椎心刺痛的消息。家裡無論有誰生病或死亡，凱文一定會到場幫忙、照護、關懷。當他過世時，我們卻沒有人在他身邊。雖然已經許多年，但失去凱文的痛苦到今天依然存在。

我姊姊茉拉住在芝加哥，擔任一家製造公司總經理的機要祕書，直到退休。她的丈夫湯姆·歐康納是從凱瑞郡移民到美國去的，他們有兩個兒子。我和妞拉經常探訪茉拉和湯姆那個可愛的家，所以也對鬆餅和楓糖漿組合的早餐很熟悉，不過她只會帶我們去嚐鮮。她的驕傲和喜悅在於皇家亞伯特英式古瓷晚餐組，是我們家傳給她的。只要我們在那裡，她都會拿出來用。

茉拉染上肺纖維化，這種疾病當時在美國或澳洲都無藥可醫。她於一九九六年過世時，我們都在她身邊，得年七十四歲。

路易總是很快樂，當他被診斷出得到一種無法開刀的腦瘤，我們都很難以接受。我和妞拉必須打電話告訴他，為此我們苦惱了許久。他接電話後，我們要說什麼？我們要如何開始這段對話？結果，我們根本不用煩惱。他聽到我們的聲音後就心裡有數了，於是他說：「不要為我悲吟。我知道自己有什麼問題，我也知道自己要往哪兒去。我很滿足。」這就是路易。而我們，也知道他要往哪兒去。他死於一九九八年，得年六十歲。路易和凱文都葬在克蘭尼公墓，距離我們從小長大的教堂只有幾碼之遙。

下一位是米克，他全心全意地愛護瑪麗和孩子，只有跟他們在一起才是他最快樂的時候。他也被診斷出一種無法開刀的腦瘤。對我們所有人而言，這是一種信仰的考驗。當他在一九九二年以六十二歲的年紀過世時，我和妞拉得以陪伴著他的家人，這都得感謝當時修會的領導人瑪丹娜・喬西修女（Sister Madonna Josey）。他的孩子當時年紀還小，但現在已經長大了，而且很有出息，這都得歸功於瑪麗全心愛護和照顧。

四年後，莫妮卡・史戴拉德修女（Sister Monica Stallard）也以相同的憐憫之心，允許我和妞拉在茉拉臨終前到芝加哥去探望她。這項許可對我們意義特別重大，因為這是為了茉拉。雖然她婚姻幸福，還有兩個已經成年的兒子，但她是唯一沒有手足在身邊的家人。如果她過世時都沒有我們在她身邊，一定會深深傷害我們，還有茉拉。

但妞拉一直都在布里斯本陪伴我。雖然妞拉在愛爾蘭讀的是音樂，她還用自己的時間去音樂學院（the Conservatorium of Music）上課，並擔任音樂老師直到一九八三年。她是位成功的老師，很受學生的愛戴。在一九七九年四月中，我們知道終究會接到的那個消息終於來了。凱文來電表示母親只剩下幾星期的時間，而且必須將她送到香農鎮附近卡利哥倫的療養院。只有經歷過這種驚嚇衝擊的人才會理解我們的反應。

我和妞拉互相商量。全家人都散居各地：凱文在蓋爾威、吉姆在都柏林、路易在克萊爾、尚恩在林穆瑞克、米克在提布瑞利、茉拉在芝加哥、而烏娜雖然跟母親一起住，但在克蘭尼還有全職的教學工作。每個人都有自己的職責，而且頂多只能缺席幾天。但是，在她為我們奉獻了一輩子之後，我們怎能將親愛的母親單獨留在一個陌生的地方？悲傷侵襲著我們，眼淚也不知不覺留下來。

陪伴母親的最後時光

我們腦海中只有母親躺在療養院的床上，沒人知道她是誰或她對我們的意義。我們未曾開口，修會領導人凱瑟琳．寇特尼修女（Sister Catherine Courtney）便說我曾經當過護士，是否想要回家在母親最後的日子裡照顧她。這個貼心的舉動是回憶中的珍寶，我會永遠珍惜。令人難過的是，妞拉無法與我同行。她因為病毒而感染重病，需要時間康復。

所以，我回家了。我發現母親已經有點糊塗了。她自以為還在家裡，因為烏娜每天放學後都來看她，更加深她的想法。我整天陪著她，早上搭公車去，晚上等母親睡著了再和烏娜一起回家。我們從不說破她自以為在家的錯誤想法。每天晚上，家裡每個人都會打電話問問母親的狀況。週末時，他們會來探望她，也發現她在慢慢惡化。她一直認得家人，也會詢問每個人的狀況，就跟任何時候一樣。

有一天，發生了一件事。也許有人覺得滑稽、或不受歡迎，但極端的說法就是討人厭。護士跟我說有個男人是我們的姻親，想要見我母親。為了避免他引起不必要的混淆或尷尬，我在療養院的門口跟他見面，告訴他因為烏娜每天下課後都來看母親，我也整天在她身邊，所以母親自己的結論是她在家裡。我告訴他我們都附和她的想法，如果他在對話中發現這一點，千萬不要提起。所以，我陪同友人進到母親的房間。他說了很多話，相當沉悶乏味，讓母親有點疲備。最後，母親有些回應，提到她認為她在家。聽到這裡，他轉過來，用母親聽得清清楚楚的音量說：「沒錯，她是糊塗了。」

我一聽馬上跳起來，跟母親說她的晚餐快要好了。我陪同他走到門口，然後請他不要再來了。接著，我拖著沉重的步伐回到母親的病房，擔心他的話會對媽媽造成影響。我根本不用擔心。我走進去時，親愛的媽媽看著我，簡單幾個字就打發了剛才的狀況：「他真是個蠢蛋！」那天晚上，家裡所有人依慣例打電話給我，希望得知每天的狀況。我盡量說明整件事，詳細敘述了那名訪客的愚蠢行為。果然，電話另一端總是傳來怒氣，直到我告訴他們母親的反應，他們才稍微消氣。

母親每天都會下床坐坐，我就坐在她旁邊，聊聊每天的大小事、唸禱詞、想想每位家人在做什麼。在母親過世前一星期，她似乎清醒了，知道她的身體不會復原。她坐在椅子裡。我在她旁邊，然後有了下面這段對話：「凱思琳，我想我快要死了。」

我嚇一大跳，愣了一下子。然後，我想到我是回家來幫助她面對死亡的。我想拖延回答的時間，所以我問她：「媽媽，你怎麼會這麼想？」

「我腦子裡有一些事情，以前從來沒這樣過。」

因為我知道母親一向直來直往，所以我結結巴巴地說：「媽媽，你也許很快就會死了。你對這件事有什麼感覺？」

她想了一分鐘，然後說：「喔，是啊。我會覺得我要回家了。」

我們停了一、兩分鐘，然後她又跟我說：「小伙子們會難過嗎？」男生通常被稱為「小伙子」。

「恐怕他們會難過。」

她不滿意這個回答，又繼續說：「他們會哭嗎？」

「他們會哭，我覺得。」

然後，她直接看著我問道：「你會哭嗎？」

克服了我無法壓抑的哀傷，我擠出一句話：「是的，媽媽，我會哭。」

停頓不語。然後，這是一個全然無私的母親才會說的話：「這是我不希望發生在你們身上的。」

我們沒有再回到這個話題。不過幾天後，她的身體更加虛弱，但還是坐在椅子上。我坐在她旁邊，她的臉龐因為某種無可言喻的喜悅而突然亮了起來。她跟我說：「你看，小艾琳就坐在床上。」她不曾忘記「小艾琳」那個好幾十年前死掉的嬰兒。

在凱文、烏娜和我的陪伴下，她在六月一日凌晨一點過世了，那天也是當月的第一個星期五。那一年是耶穌聖心節（the Feast of the Sacred

Heart of Jesus），象徵耶穌對我們偉大的愛。母親享年八十五歲。妞拉無法與愛爾蘭的家人一起度過這些悲傷難過的日子，但她的日子卻因為愛爾蘭的郵政罷工而更難過。我們甚至無法寄信給她，也收不到她的來信。母親與二十五年前過世的父親同葬於奇爾米希爾（Kilmihil）墓園。墳墓由烏娜照料，而我們只要回家就會去探望掃墓。

我清楚地記得母親的葬禮。我和家人一起站在尚未下棺的墓前等禮儀師。在那個時候，基恩表哥為了讓我不要承受看著棺材放進墳墓裡的痛苦，便將我轉過身，雙手搭著我的肩膀，溫柔地跟我聊天，直到整個埋葬的程序完成。我們一家人一起回家，我又跟烏娜住了一星期，清理母親留下來的衣物。如果要烏娜一個人做這件事，對她來說太難了。然後，我前往芝加哥，茱拉正等著我詳細敘述過去這幾週發生的事。我覺得自己就像個機器人，敘述著一項又一項的細節，但卻沒有任何感覺。我似乎喪失感覺——就像從現實中抽離一樣。我回到萬聖院見妞拉時還是一樣。這麼痛苦的經歷已經讓我流乾了眼淚。

我回到聖母醫院、回到工作上，但是當我看到那些裝滿信件的牛皮紙袋時，仍然無法鼓起勇氣打開。好幾天日子都是這麼過的，然後我終於跟當時的助理管理員派特．麥奎爾（Pat Maguire）說我沒有動力做任何事。派特就像是我哥哥，他提供我一個特殊的解決之道：「你不在的時候，我們也處理得很好。我想，我可以把你帶出去，給你一槍！」

接下來那個星期，我似乎患了嗜睡症，全身還莫名的痠痛。我去看內科，並跟哈利．貝瑞醫生（Dr Harry Barry）敍述我的感覺。他仔細聆聽，然後，直直地看著我，問了一個尖銳的問題：「你認為你很沮喪嗎？」我坐直身子，想了一分鐘，然後說：「你知道嗎？我想我『真的』很沮喪。我想這就是我的問題。」

貝瑞醫生讓我住院大約十天，確保我每天都能睡得好。而且，經過如此寬容和體諒的對待，並透視到我內心的狀況，我完全復原了。派特．麥奎爾可以放棄那個比較激烈的手段了。從那時候開始，對於遭受那種令人痛苦狀況的人，我都有強烈的同理心。

我穿著相當古怪的試修生制服(右圖)。我穿著1940年代末期年輕修女穿的會衣(左下)。妞拉身為初學修女的穿著(右下)。

近年來穿著的比較不正式的會衣(左上)。令人興奮的一天：隨同達米恩院長出國(右上)。因為火災將一名病重的嬰兒從聖母兒童醫院撤出(下圖)。

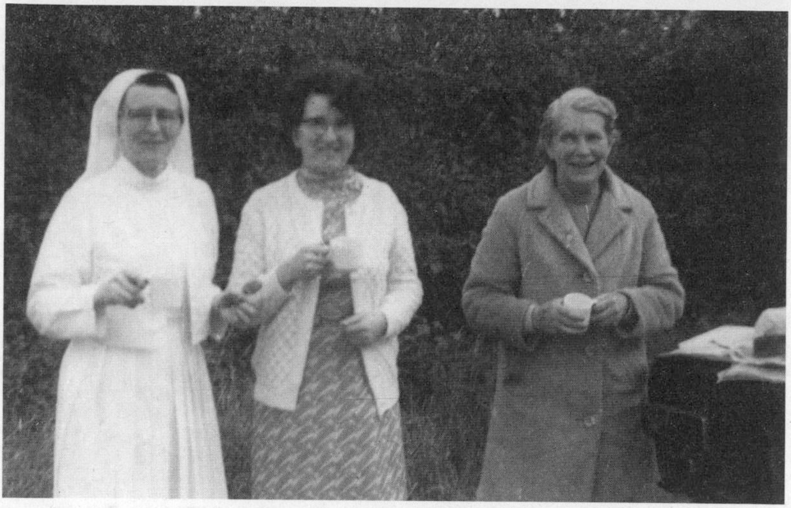

1967年愉快的返鄉之旅。烏娜、我母親和我非常喜歡這次的路邊野餐(上圖)。跟我母親相聚的時光總是非常珍貴(下圖)。

妞拉和我母親在克萊爾郡的故鄉附近搭渡輪(上圖)。只要我在愛爾蘭，一定會去父母墳前敬禱(下圖)。

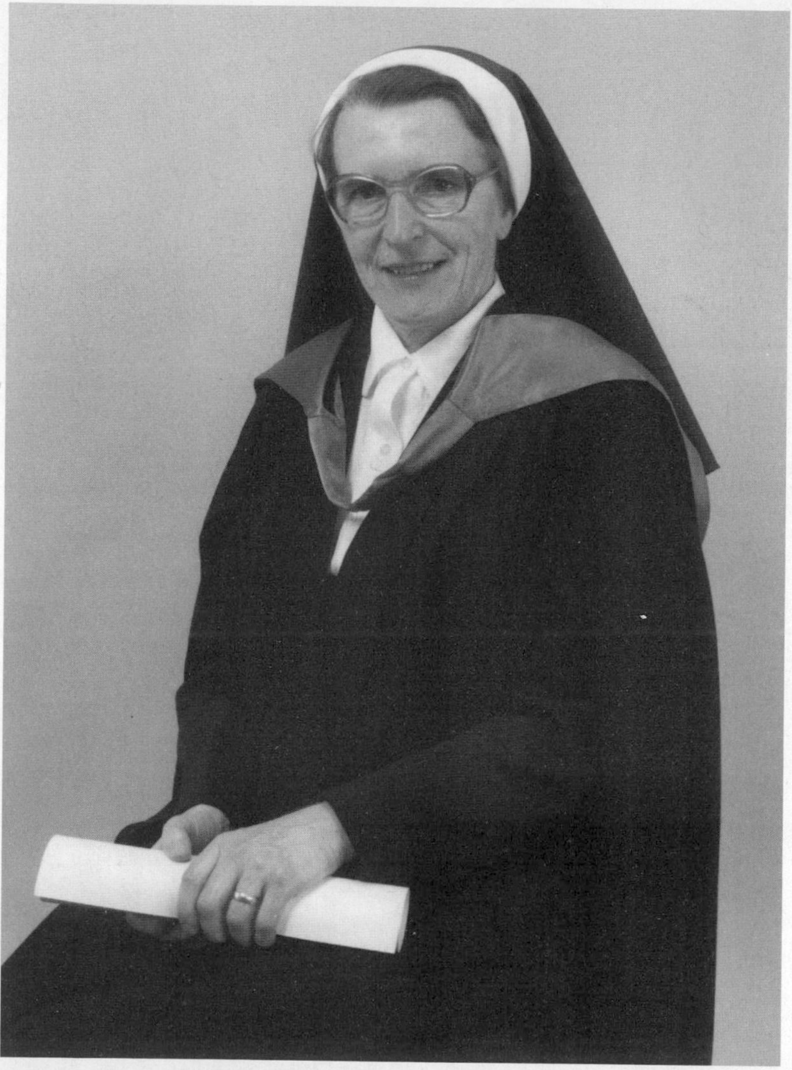

我在昆士蘭科技大學企業管理學位的畢業照。

九位手足的最後合照。後排左起：尚恩、吉姆、路易、凱文、米克。前排左起：烏娜、妞拉、凱思琳和茉拉(上圖)。一個九世紀或十世紀的圓塔遺址，位於奇納柏(下圖)。

出乎意外

在一九六六年一月，在毫無準備的情況下，我直接從聖母私立醫院手術室護士變成三所聖母公立醫院的行政管理修女（Sister Administrator）。

達米恩院長有一天對我提到要找人接手瑪莉．聖蓋伯瑞修女（Sister Mary StGabriel）的工作，她已經擔任行政管理修女多年，負責管理三所公立醫院：聖母成人醫院、聖母兒童醫院暨婦產科醫院、聖母婦產醫院。達米恩院長告訴我已經將瑪莉．聖蓋伯瑞修女從學校系統調到聖母醫院，我應該就要聽懂她的暗示。院長繼續說要找個熟悉聖母醫院的人來擔任她的職位，我同意這個想法。但我對這件事情完全不懂，也沒有興趣，因此非常不解院長的用意。

我很有禮貌地聽著達米恩院長講下去，什麼話也沒說。但她的一句話驚醒了我：她挑選我來當瑪莉．聖蓋伯瑞修女的繼任人選！我十分震驚，還直接質問達米恩院長。通常年輕修女不會這麼莽撞，但也許我繼承了母親的決心和直話直說的個性吧！我搶先反駁達米恩院長可能選擇我的任何理由，口氣之強烈，連我自己都嚇到。我說自己對醫院的管理一無所知、我從來沒管過病房，除了員工不在時暫時管理、任命我絕對是個大災難、我一定會變成那個職務的累贅等等。在驚恐之中，我說出了幾個修女的名字，因為我認為她們會是優秀的管理人才、她們受到醫生的尊敬、她們博學多聞等等。我一直相信是天主將我派來聖母醫院，對此我也相當滿足，但我現在覺得天主的旨意已經過火了。達米恩院長以院長修女的神態，泰然自若地聽我說。她沒有給我任何理由，只是說：「妳是天主的選擇。」我永遠無法得知理由。在那個年代，即使修女想要厚著臉皮爭論，還是不得拒絕院長的命令。我又驚又嚇又恐慌。這個責任太重大了。我可以跟王爾德困惑的心產生共鳴，正如他的禱詞：

耶穌，下凡來幫我吧。伸出祢的手，
因為我將沉溺在狂風暴雨的海中
更勝於西滿沉溺在祢的加里肋亞湖。

也許就是這個理由，我一直很喜歡聖馬爾谷（St Mark）對這個故事的描述。當時門徒在湖上對抗強風，那是連現代水手也會有性命威脅的強風。耶穌在山上祈禱，從山上看到他們。於是，祂走過水面來到他們身邊。他們以為祂是鬼魂，便驚聲尖叫。祂的回應是：「振作起來。是我。」然後，祂使湖水平靜。這麼多年來，祂經常為我這麼做。祂一直都在。

事情就這麼決定了。一九六〇年代是聖母公立醫院艱困的年代，在我眼睛所及之處都遭受許多壓力。由於建造聖母婦產醫院不易，因此一九五〇年代令人精神緊繃。當時任何重大建設都沒有政府補助，所以要從別的地方找錢。首先，先蓋出醫院的骨架。有錢的時候再一層樓、一層樓地蓋。這是個大工程，聖母醫院和附近社區也因而變成夥伴。聖母醫院有澳洲第一個獎品屋藝術協會，社會大眾也支持我們。原來的銀行突然拒絕借給我們大筆資金，幸好有澳盛銀行（ANZ Bank）解危。當聖母婦產醫院在一九六〇年十二月開幕時，也代表著是信仰、全然的毅力、和冒險精神的勝利。

創立聖母婦產醫院所投注的大量時間、精神和資源，使之前的三間聖母醫院相形見絀。聖母私立醫院的需求很大，並且需要擴展服務，特別是對外科病人。更嚴重的是，兩所公立醫院正遭受與州立公立醫院相同的狀況——不僅過於擁擠，而且已經快要跟不上迅速現代化的醫療世界了。成人醫院和兒童醫院需要補其不足，這才是我們迫切需要應付的工作。

在聖母婦產醫院開幕之前，這些老舊醫院所面臨的問題已經顯而易見。在一九五九年，成人醫院有二百三十二張病床，包括收費低於私立醫院的三十五張中級病床。兒童醫院有一百零三張病床和幾張中級病床。這兩所醫院都有門診和急診處。兩間醫院有各自的內科和外科部。骨科、神經科、泌尿科、皮膚科、精神科和耳鼻喉科則是聯合部門，成人醫院還有婦科和眼科。兩間醫院共享語言治療、病理學科、藥房、放射線科、和麻醉科，而成人醫院還有義務麻醉醫師。

所有病房、部門和附屬服務總是極端忙碌，狀況一點兒也不理想。我當上行政管理修女時，成人醫院已經成立五十五年了，而兒童醫院在建造時碰上一九三〇年代的「經濟大蕭條」，因此銀根緊縮，結果只能在規模只有一半的情況下掙扎。諷刺的是，新的聖母婦產醫院又增加了兒童醫院的壓力，因為他們必須接受需要內外科治療的嬰兒。擔架或臨時病床經常會使用到。在戰爭結束後，兩所公立醫院的病患人數急遽增加。技術和療法的進步是部分原因，但我們的員工也可以因此勉強喘口氣，並讓我們能夠接納所有需要住院的病人。

義務專科醫生互相爭奪床位分配，好幾個病房由不同專科的病人同室而居。以成人醫院的第八病房為例，因為眼科病患人數增多，所以必須與使用昆士蘭首度神經手術和神經醫療服務的病人共用空間。聖母醫院必須感謝那些義務專科醫生。他們是該領域的菁英，但我們在一九七〇年代之前完全沒支付他們一毛錢。許多年來，他們在政府醫院任職的同僚每場診療都有薪水，但我們的醫生基於尊敬修女們偉大的目標，一直是無給職。

但是，決定支付薪水給聖母醫院專科醫生，也造成一段辛苦的時期。在這項決定可以執行之前，必須宣布所有義務專科醫生的空缺，然後再面談來應徵有給職的醫生。應徵者由特別組成的遴選小組面試，小組成員包括各種專科醫學院和醫學大學的代表。但是，許多專科醫生因為沒有重新獲得職位而沮喪、甚至憤怒。即使我知道很多醫生難以接受這種狀況，但仍然非常感謝他們之前對公立醫院病患的奉獻。

我最近在二〇〇二年才知道那些年的義務服務竟然價值七億五千萬

元，真是令人驚嘆。對那麼多世代的病人而言，這是多棒的禮物啊！

學習醫院管理

病理學部仍然位於一九四一年開幕的「新」實驗室區，當時則是缺乏空間和人手不足。血液學、生物化學、微生物學和細胞組織學上的進步可以讓治療大幅改善，雖然是令人振奮之事，但也大大提高對人員、設備和住宿條件的需求。病理學部在許多方面都稱得上是現代醫學的機房，但到一九六〇年代中期卻是「難以言喻的擁塞」。從子宮頸癌抹片檢查到詳細的血液分析等等，各項新發展已經變成例行事務，也大幅增加工作量。

為了管理這個混亂的帝國，我於聖母婦產醫院的四樓有間辦公室。我第一次去到那個空曠的空間時，我被告知唯一的責任就是面試想要當護士的女孩子。我打開署名給行政管理修女的信件，但全都是寫給院長的病人住院許可函。我瞬時了解醫院並非真的由行政管理修女來管理。負責主管的是約翰．凱利（John P Kelly）和諮詢委員會，修會甚少干預。即使是精力最充沛的修會會長，管理數十所慈善修女會主辦的學校已經超過一份全職的工作量了。

我認識了醫院祕書傑克・歐布萊恩（Jack O'Brien）和負責醫療部門的戴思・歐葛拉罕醫生（Dr Des O'Callaghan）。但是，當時護理部門並無地位相當的職務，也意謂著大家所依賴的護士在醫院行政高層沒有發聲的機會。我很快就改變這一點！我也發現沒有固定會議給我機會和護理、醫療及行政主管討論醫院的事務。

這造成了無可避免的結果。我每個月受邀去參加一次諮詢委員會會議，但我對他們討論的議題知之甚少。在這個階段，委員會提供諮詢給慈善修女會，身為醫院的所有人，慈善修女會保有最終權力。在早期的時候，除了參加委員會會議之外，我不懂如何運用剩下的時間。大部分的時間都是空白。事實是，沒有管理結構能讓那些在資深位置的人分享他們的想法和資訊，也無法進行提前規劃。更嚴重的是，委員會和負責醫院日常管理的行政結構之間的聯繫少之又少。我一開始都依照制度而行，但我知道醫院的管理必須改變。

幸好我的經歷給了我一些初步的準備，讓我可以處理這個狀況。我在聖母醫院期間，有機會取得婦幼福利證照，然後又取得護理管理證書。當時，具有這些證照的護士就有資格擔任護士長或護理主任。達米恩院長遴選了四名修女去讀書取得證書，我是其中一位。課程是由位於亞力珊卓公主醫院（Princess Alexandra Hospital）護理學院（the College of Nursing）舉辦的，距離聖母醫院不遠。雖然我沒有當護理主任的野心，但是我很喜歡貝瑞．法蘭奇（Barry French）講解管理原則的課程。他概述了如何管理一個組織，才能使員工和組織本身獲益，這項課程另我沉醉。不久，我就嘗到管理和行政是什麼滋味了。我在學院讀書六個月期間，這是最精采的部份。當時在聽課時，壓根兒沒想到有一天必須學以致用。

我明白在正式執行某些結構之前，必須詢問那些會受影響的員工，否則絕對會徒勞無功。因此，經過長時間向諮詢委員會主席約翰．凱利、傑克．歐布萊恩和他的助理派特．麥奎爾、戴思．歐葛拉罕醫生、及其他人請益之後，我決定採納吉姆．凱柏博士（Dr Jim Kable）的建議。他是當時昆士蘭技術學院（the Queensland Institute of Technology）管理系主任，學校後改制為昆士蘭科技大學（the Queensland University of Technology, QUT）。

我在一九七〇年代認識凱柏博士，當時我正在攻讀企業管理學位，主修醫療行政管理。我深深了解如果自己沒有商業或醫療管理資格，就不應該管理聖母醫院。身為行政管理修女，大小事情都由我負責，從工程到財務、從膳食到人力資源管理、從公共關係到臨床服務等。我喜歡讀書。考試使我興奮；我喜歡用自己的知識跟那些出題的人一較高下。有一次，我在考試前一天準備一些可能會考的問題。我以前的教師訓練此時就派上用場了，因為我會自問如果讓我出考卷，我會出哪些問題。我開車到大學去，找到授課講師，然後把我列出來的問題給他看，同時還有我準備好的答案。第二天，那些題目竟然全都出現在考卷上！我後來碰到老師時，他看看我，然後抬眼望著天上說：「真是天主的神蹟啊！」

儘管如此，我還是有弱點。數學永遠是我最糟的科目。我很喜歡經濟學、銀行學、基金管理等比較重大的主題，但只要碰上數學計算，就覺得眼冒金星。有一次上完數學課後，我跑去找授課講師，向他吐露自己的沮喪。我記不得他的名字，但我記得在他的幫忙下，我這個科目及格了。對我而言，那個及格分數就相當於特優獎。成績公佈時，我高興得不得了！

凱柏博士在聖母醫院為高階主管和中級管理階層開設了管理發展課程。就某些方面而言，開設這些課程是種冒險。我堅信凱柏博士的說法：一個組織如果出現任何問題，第一件事就是檢視最高層。繼第一項課程之後，還有兩項為督導開設的課程——管理原則和這些原則在醫院管理上的實際應用。然後，凱柏博士必須訪談任何他想訪談的員工。我們必須確認員工對醫院優缺點有何認知、得知他們認為應該如何發展等。這些作法都是要讓員工在他們不曾經歷過的狀況中團結一心，結果就是在俗和神職員工互相融合，興趣和觀點大相逕庭的人發現彼此在討論對病患照護、員工滿足感和醫院效率有影響的相關問題，以及改善這些部分的方法。透過這些討論也得到一些合理、有遠見的建議，幾乎都是可以立即執行的——而且我們也的確執行了。

經過這麼長的程序，顯然每位職員都已清楚知道透過部門主管才是正確的溝通管道。當部門主管和小組主管意見相歧時，也曾發生過衝突。修女將醫院視為她們的家、她們的產業，也是她們的工作場所。在傳遞訊息、或取得權力進行特殊作時，她們傾向於略過部門主管，直接去修道院找院長。要從哪裡獲得適當的專業決定和必要的宗教指引，兩者之間的模糊狀況增加了神職和在俗員工之間的緊張關係。

另外，諮詢委員會的會員資格也應該更廣泛。我們遵從約翰．凱利的建議，並在他同意之下，委員會的會員資格也大幅擴展，增加比較多在俗和非醫療背景的人士。在此之前，委員會成員大多為醫生。未來的澳洲聯邦首席大法官布萊南（FG Brennan, QC）接受邀請，成為委員會的副主席。同時也成立醫療任命及醫療員工委員會。

我們首度由醫療、行政和護理服務部門的主管主成執行管理委員會，針對醫院的日常運作給我這個行政管理修女建議。行政管理修女要對委員會主席負責，也是委員會的成員。這個職務要對委員會和修會負責，即使雙頭報告通常會在管理階層引起不悅，但並未造成我真正的困難。因為管理這麼多學校的挑戰占據了修會的注意力，因此聖母醫院可說是修會事務的「化外之地」。儘管如此，每當需要作重大決定、或必須進行大規模採購時，就得花很長的時間去詳細解釋，相當令人厭煩。

在日常管理中，行政管理修女要負責回報給執行管理委員會（我們自稱為EMB）。委員會成員同時屬於一個以上的部門，藉此將三個部門串聯在一起。這項額外的改善作法對跨部門溝通有大幅的幫助。重新改組的目的是在我們的能力範圍內提供給社會最好、最有效率的服務；給我們的職員工作滿足感；並提升他們對聖母醫院管理階層的信任。我們同心協力完成這件事，我們也知道可以隨著醫院的成長而發展。

隨著我們的內部管理階層變得更有效率，修會領導階層和委員會之間的關係所存在的難題也變得更明顯。昆士蘭慈善修女會修會身為醫院和聖母醫院諮詢委員會的信託人，兩者之間的相關責任必須釐清。在某些情況下，難以明確決定委員會的權利限制。如此一來，委員會和管理小組之間的關係就會產生漣漪效應，導致混沌狀態，甚至造成衝突。那些跟我一起經歷這些時代的工作夥伴，當時正處在改變的交會點。這個狀況直到二〇〇一年才完全解決，由聖母醫院健康服務委員會完全負責醫院的管理，而修女則繼續擁有這個產業。

學開車弄掉方向盤

即使沒有這些令人傷神的議題，行政工作對務實的人也會造成負面影響。儘管如此，我還是有喘息的時刻。無與倫比的葛楚德·瑪莉修女當時負責公立醫院的一個病房，有一天打電話給我。我還在受訓時，「葛蒂」修女和我經常一邊清理手術室，一邊跟著老留聲機跳舞。她說她的病房裡有一位愛爾蘭老人，希望有人能在他臨終前跳愛爾蘭吉格舞給他看。我二話不說就到了病房，然後我們一起把他撐起來，讓他看見我的腳。葛蒂修女準備好音樂，我就為他跳了一段吉格舞。跳完舞時，她問我為什麼答應得這麼快。我回答：「這是我唯一不需要召集委員會就可以做的事！」

另一件不需要召集委員會就可以做的事，大概就是學開車了。一位住在雷蒙德特雷斯鎮（Raymond Terrace）的老人已經無法開車了，於是送了一部手排老爺車讓我學開車，當時我已經四十好幾了。我的教練是我們一位忠誠的水電工莫夫．肯恩（Merv Cain）。我們上車之後，就由莫夫主導，我是不折不扣的初學者。我開始練車那幾天，一定是碰到雨季，因為每次出發時都在下雨。要是我拜託莫夫不要讓我在雨天練車，他總是反問我，難道拿到駕照後都只會有晴天嗎！

本來一切都很順利。但有，一天我們正沿著禿鷹街（Vulture Street）開車，然後莫夫叫我右轉到主街（Main Street）。我開始要右轉，結果方向盤整個掉下來了。後面傳來再多的喇叭聲也沒用，我們真的麻煩大了。身為水電工，莫夫動了幾下，就像對螺絲施了魔法，然後我們終於成功地將車子轉到主街。我們把車停在路邊，再走路回聖母醫院。我經常想到莫夫．肯恩和他的耐心。我覺得那些教初學者開車的教練都應該上天堂。到現在，我還是很同情拿「學車牌」的人，也相當了解他們無法掌控方向盤的狀況。

我離開聖母醫院行政管理修女的職務已經很多年了，但我的經歷仍然鮮明地在我的腦海中。一開始，我不懂達米恩院長為何在眾多人中選擇我來擔任這個職務。當時，任何事也無法改變她的決定。但是，即使過了四十年，我還是有個疑問：任命我當行政管理修女是個明智的選擇嗎？

當然，一九六〇年代的情況不一樣。當時在聖母修道院裡有九十幾位修女，因為醫院都是由民眾建造、她們協助發展的，所以每個修女都對醫院存有一種可理解的歸屬感。我們都知道早期的修女為了維持醫院的運作有多麼辛苦，我們也是一樣——我們為了勉強維持收支平衡而像奴隸般的長時間工作、還有從修女們一九一〇年來到聖母丘到目前的成就給我們的歸屬感。從各種角度來看，這都已經變成「家族事業」了。（原註：隨同聖母醫院健康服務前任執行長派特．麥奎爾，比爾．康凱能〔Bill Concannon〕是委員會的忠實成員，經常和海倫．葛雷葛利及我碰面）

在家族事業中，職缺通常都是由另一位家族成員遞補。聖母醫院也不例外。除非某個職務需要特殊資格，但又沒有任何修女合格，否則資深職缺總是由修會成員遞補。這就是我之所以成為行政管理修女的原因。我很快就發現這項傳統不公平，因為這種作法排除了一般大眾，並且剝奪聖母醫院在俗員工升遷的機會。此外，無論多麼合格、多麼有經驗的醫療專科醫生，如果不是在聖母醫院完成他們的住院醫生年限，被派任到聖母醫院的機會也非常渺小。

這些是澳洲所有天主教醫院公認的準則，要改變這些做法，是我必須面對的最痛苦的任務之一。儘管我們不是唯一實施保護主義政策的公立醫院，但我知道這個制度必須改變。聖母醫院如果希望持續在醫療領域中立足，就必須改進這種老派的醫療運作方式。如果聖母醫院想要和其他現代化的醫療服務機構平起平坐，就必須有所付出。

回溯往事，我懷疑自己是否能夠在沒有傷害某些修會成員的情況下達成這些改變，而且那些修女還比我年長許多。我只知道為了公平正義，必須在醫院內部和報紙上公開職缺，而且我決心不惜任何個人代價來進行這些改變。然而，我經驗不足又缺乏領導技巧，無法在不造成痛苦的情況下達成任務。

當時的修會領導人凱瑟琳・寇特尼修女連同所有修女在修道院參加了一次關鍵性會議。在聽過正反面意見後，她決定聖母醫院的所有職缺未來都必須公開徵聘。多數的資深修女強烈反對，年輕修女則認為不能反駁她們的觀點。這並非「群體思維」的狀況，而是反映出服從上級的習性，這種狀況在大多數階級式的宗教修會非常普遍。凱瑟琳修女並未在事前告訴我她對此事的看法，所以我在不知道她的反應的情況下去參加會議。儘管如此，我下定決心無論我的未來是否會受到影響，我也絕不改變自己的立場。但是我根本不用擔心，因為凱瑟琳修女自己的正義感戰勝一切。

到今天，我仍然認為那次會議是聖母醫院歷史上一個重要的分水嶺。當然，要大幅轉變做事的傳統，一定會遭到反彈。我一直認為傳統：也就是一代傳一代的想法、信仰和作法，給予社會和組織許多力量。但是，這些持久又耐用的特質也使傳統難以改變、使新的想法難以接受。

若非聖母醫院的修女們是擁有強烈主見的堅強女性，絕對達不到她們的成就。這個新想法深深傷害了她們許多人。有些人一定認為我這個行政管理修女不夠尊重聖母醫院數十年來的做事風格。我被有效排擠了——至少我感覺如此。

許多年後，我讀到這種強烈痛苦的狀況是無可避免、也是必要的，這才稍感安慰。《當我們離開後》（After we're gone）這本書敏銳分析了二十世紀後期在宗教方面的改變，作者格蘭特（MK Grant）和范登德伯格（P Vandenberg）寫道：

隨著管理和治理方式變得比較程序化，比較複雜而正式的決策管道……也必然隨之成立。這些改變意謂著從事慈善工作的宗教人必須……放棄可以自行決定該組織一切事務的權利。最後，宗教人必須透過比較正式的人事程序應徵那些機構裡的職務；最後，他們不得不和非自家人競爭職務。可想而知，這些發展對整個家族和家族事業有深遠的影響，對自家人和非自家人之間的業務關係也有影響。

儘管如此，這個決定的後續影響對我是一段痛苦的折磨。信仰和朋友的支持可以讓一個人忍受折磨。被排斥又另當別論了，因為這會對精神造成深遠的影響。那時候，我經常自問：我到底為誰、為什麼而做這些事？在內心深處，我知道答案，但是在難以繼續之時，我需要想出合理的答案。我必須一次又一次提醒自己，我是為了員工的公平正義、為了遵循絕對真理而走這條路。

在一九七五年間，我決定離開聖母修道院，但我仍然是聖母醫院的行政管理修女。這個舉動似乎是唯一合理、唯一可能的作法。我感到自己似乎又要再度離家。確實，除了剛開始的六個月之外，我來到澳洲超過二十年的時間都住在這個修道院。這段時間甚至比我在克萊爾郡的農場上跟家人相處的時間還要久。即便如此，如果認為大型修道院總是像大家庭一樣，那就錯了。雖然大家住在同一棟屋子裡，但這數十人都來自於不同背景、有不同興趣和能力，因此難以培養出大家庭的感覺。

離開聖母修道院

修會公議會成員和聖母修道院的修女知道我要離開一事。她們的反應很複雜。有些修女巴不得我離開；其他人則不願意我離開，因為這對修道院的生活方式會有壞影響。在那個年代，除非必須去其他地方任職，否則鮮少有修女離開。聖母修道院的執行團隊知道我離開的原因，但並未有何表示。我離開後，也表示修女們失去一個現成的接觸點，可以得知醫院的運作狀況。因此，我從一個非常大的修道院搬到一個小修道院：慈善修女會在布里斯本西部內陸土旺區（Toowong）的修會。土旺修道院高踞於布里斯本最陡峭的山坡之一，是一幢稱為「高迪卡」（Goldicott）的優雅老房子，建於一八八〇年代。在教區學校任教的修女們就住在這裡。我在土旺修道院住了大約十年，之後搬到萬聖院修道院，然後又在一九九五年退休時搬去格拉瓦山（Mt Gravatt）。我在土旺又回到教學的環境，在某些方面覺得有點奇怪，特別是我又沒有回到教職。但這也讓我了解，其實自己在數十年前就失去當老師的渴望了——就在我進入護理訓練才不過兩、三年之時。就許多方面來說，我目前身處的環境中無人知道聖母修道院的事，也沒有太大的興趣知道，讓人有解放的感覺。這樣的環境確實有助我從低潮中爬出來，並以比較客觀的角度來看聖母修道院。這樣只能說對醫院有好處，對我也是！

我最欣賞的英雄之一是聖湯瑪斯．莫爾，他在亨利八世的時代擔任英格蘭大法官。國王想和亞拉岡的凱瑟琳離婚去跟安妮．博林（Anne Boleyn）結婚，但湯瑪斯．莫爾不同意。莫爾的朋友沃爾西樞機主教（Cardinal Wolsey）選擇違背良心，同意國王離婚和再婚之事。他建議莫爾也這麼做。在羅伯．波特（Robert Bolt）的好戲《良相佐國》中，用一句話道出了湯瑪斯．莫爾的態度，這句話自古至今的每位公眾人物心中應該都清楚明白：

當政治家為了公職而拋棄良心，就將國家帶上混亂的捷徑。

他因為違抗聖意而被送進倫敦塔，隨後導致他死亡。

在聖母修道院歷史上的那個時刻，不管有什麼反對意見，我清楚知道自己必須做的事。雖然我在完全沒有準備的情況下進行這項工作，但後來讀到凱瑟琳．麥克奧利知道治理上的缺失會導致什麼樣的經歷，讓我感到安慰。她曾經寫信給一位修女說：

「智德、警覺或判斷的匱乏並未妨礙最明顯的天主指引，而我們正可以將天主的巧妙佈局看得最清楚。我看得出有一些精心策劃的狀況打算從中阻撓，但有害的事情並未對我們造成任何傷害。」

我感同身受。我們在困難的改變中奮戰，但我知道當初如果沒有達成目標，聖母醫院仍然只是間鄉下診所，無法注入新血來活化。那是許多年前了，但我看來現在的情況也沒兩樣。曾經成功的作法若不再有效，改變的過程依然是我們的領導人必須面對的痛苦經驗。

領導能力的概念非常令我感興趣。領導能力是什麼意思？如何發展這項技能？如何應用來造福他人？到今天，如果某篇探討領導力本質的文章值得閱讀，我一定拜讀，如果聽到這個主題的討論，我一定熱切聆聽，特別是新的想法。對我而言，領導力的概念就像隻蝴蝶，美麗但又捉摸不定。我不認為自己擁有當領導人的特質，但因為我在那個職務，我覺得我必須展現出自信，特別在事情最艱難的時候。我確實知道，好的領導人如果尚未準備好做任何事，也絕不期望他人會去做。領導人和在第一線工作的人保持聯繫，也非常重要。我經常和副手派特·麥奎爾到員工餐廳吃飯，並且到各部門走走看看。我去巡視工場，因為那裡經常看得到修理物品的非凡技藝。會修理東西的人在任何醫院都不可或缺。說實話，我從未將自己視為行政主管。我不把自己當成執行長、不是世俗經理、甚至不是慈善修女會的修女。我只是把自己當成一個為聖母醫院創造願景的人，也想要看著這個願景成真。

員工依賴領導人來維持士氣。在不確定的時刻，這一點特別重要。

領導人必須是公認正直誠實的人，會試著發現自己的潛力，並藉此來鼓勵他人。在這麼做的同時，好的領導人也許不受歡迎，但他們會支持、激發他們身邊的人。他們不是經營者。相反地，好的領導人會為組織展望一個「不可能的夢想」，並努力引導組織朝向夢想而行。

令人懷念的幾段友誼

回顧過去，我想到當時在身邊跟我分享友誼的那些好人。其中最特別的就是約翰．凱利，而且我希望聖母醫院永遠記得他的名字。我做所有重大決議時，都是向他尋求指引，而他也從不厭煩幫助我「在職學習」。我特別記得每次和政府及其他官員開會時，他會轉過頭來希望我做些回應。我試著應付那些場合。我們從教練和學生的角色中，也發展出父親和女兒的關係。不僅修會依賴他。我也是。

他擔任委員會主席四十二年，建議修女們如何管理聖母醫院，而且從不為他付出的時間和法律建議而接受報酬。在這方面，他有女兒馬格麗特（Margaret）協助；而他的妻子則擔任婦女會主席，從另一個角色幫助他。現在，他兒子塞維爾（Xavier）繼承凱利家的家族傳統，也是聖母基金委員會的成員。他在一九八四年過世，當年聖母醫院《1984年度報告》裡有一篇對約翰・凱利致敬的頌辭，摘錄如下：

他是一個無懈可擊、正直、有榮譽感的人。他在廣大的專業、學術和文學領域與學科上的資格、成就和名聲都是最高的。

對於全國關注的議題，約翰・凱利會在必要時毫不遲疑地公開表態。一九七三年就發生過類似事件。在當時的聯邦健康部長比爾・海頓的領導下，要引進一套新的全國健康方案。這套方案由約翰・第波醫生（Dr John Deeble）設計，並在聯邦層級推動，作為提升全國公立醫院的方法。除了布里斯本聖母醫院以外，所有天主教醫院都譴責這是要控制醫生和醫院的手段。約翰・凱利敏銳的頭腦和一針見血的文章，隨即揭穿了維多利亞州的天主教醫院系統主導的不實說法。在一份經過精心研究、具有學術性的回應中，他提醒所有相關人士應有的道德要求，為那些負擔不起私立健保的人改善醫院設施。

那篇文章被收入在我們的《1973年度報告》中。這篇文章在各州上了好幾天頭條，而且成功地改變輿論來支持這項方案。不意外地，此舉並未讓我們在各州的天主教醫院同業中贏得歡迎票。

約翰．凱利最後一次公開露面，是在一九七九年九月聖母成人公立醫院的動土典禮。他當天演講中的智慧箴言到現在仍然非常貼切：

> 我們都聽過通貨膨脹有多麼邪惡，事實也是如此。然而，莫忘我們之所以面對這種狀況，都是因為最大的邪惡來自於物質主義，它是通貨膨脹的產物及其所代表的一切……
>
> 在我們能夠恢復精神價值之前，通貨膨脹絕不會結束。總之，重視精神層面的人千萬不可失去任何機會來堅持精神的重要性。

某種關係將我和此人連結在一起。我非常敬愛他，也祈求聖母醫院永遠不要忘記欠他的人情。我相信聖母醫院在二十一世紀如此進步的基礎，都在於這位偉大的男士的先知卓見和奉獻。他於一九八四年六月十二日過世。這個噩耗傳來時，我正在海外參加一個愛滋病研討會。

另一位備受敬愛的聖母醫院好友凱文．克羅寧突然過世時，我人又不在，這次是到耶路撒冷。凱文擔任約翰．凱利的副手許多年，之後繼任為委員會主席。我也不會忘記其他委員會主席如凱文．萊恩法官（Justice Kevin Ryan）、柯林．艾比特教授（Professor Colin Apelt）和現任聖母醫院健康服務主席約翰．麥克奧立夫教授（Professor John McAuliffe）的名字和他們帶來的回憶。

派特．麥奎爾非常清楚我們的財務系統，包括分開修道院和私立醫院之間的財務。我們在工作上密切配合，我們之間的友誼也從當時維持至今。在我退休時，派特成為聖母醫院第一位在俗執行長，不斷增長的聖母醫院院區裡的各個公立和私立醫院，都由他負責管理。這也是引進新的管理結構的時代，由一個委員會管理聖母醫院院區裡的所有醫院。在這項重大的改變之前，聖母私立醫院必須掌握自己的命運。

雖然大多數醫生都會在公立和私立醫院動手術，但聖母私立醫院有自己獨特的文化，而且和公立醫院相去甚遠。公立醫院傾向由議程項目來主導委員會會議，使私立醫院不甚細心的文化更加嚴重——雖然有些人認為這只是主管的看法。即便這種結構管理了其他醫院，但這種作法並未讓私立醫院產生信心。私立醫院冷淡的態度使得委員會的工作更加困難，因此執行長必須有源源不絕的耐心和毅力。隨著時間過去，透過某種外交手腕的運用贏得尊重，再加上派特堅持將私立醫院的財務併入整體財務結構中，這些問題都解決了。

我在聖母醫院度過的歲月中，向來都有最會激勵人心、最能幹的祕書支持，這是任何行政主管都想要的。擔任這些職務的首先是潔拉婷·道爾修女（Sister Geraldine Doyle），接著是凱樂梅·高登（Carmel Gordon），再來是莫琳·布倫菲爾（Maureen Bloomfield）。我永遠忘不了她們對我的照顧。自始至終，對員工的照顧就是首要之事。這種想法源自於屬於九兒之家的一員，對一個人的關切就是對全家的關切。我謹記著這些人都有自己的私人生活，所以應該儘可能讓他們的日常經驗愉快、充實。我也相信應該讓他們知道我們的感激，而且他們一旦離職，我們也會想念他們。這種態度促進我們對病患、親屬和同僚的關懷持續到二十一世紀的聖母醫院，我們醫院也因此而聞名。

我們的醫療人員不僅是專業的臨床醫生和教育人士，還有他們對聖母醫院價值觀的付出，真是天主的保佑。我想到很多這樣的人。例如約翰·柏克醫師（Dr John Burke），由於他對聖母醫院始終如一的忠誠，接受了許多超乎臨床和教學本質的職責。他協助我們創立聖母醫療研究機構，並且擔任管理職務許多年。

還有路・皮格特醫師（Dr Lou Pigott）。他是位眼科醫生，某天手術室非常忙碌時，他展現出他的體貼。我們護士因為一場長時間的手術而無法去吃午餐。當天的手術一場接一場，最後輪到皮格特醫師。他問我們吃過了沒，我們回答還沒有，他便體貼地叫我們離開手術室去吃東西。

他說：「我可以等。」

大衛・杜迪霍普醫師（David Tudehope）在新生兒科方面的學術、臨床和研究成就，讓他在國內外皆名聞遐邇。在他手中救過的嬰兒的母親對他的愛戴，也許才是更重要的事。大衛來聖母醫院任職時，我們還無法提供太先進的設施。然而在不久之後，當時公益在昆士蘭尚不普遍的時代，林娜特・穆卡西（Lynette Mulcahy）和她女兒翠蕊（Cherry）捐贈了十萬元意外之財，讓我們設立科技先進的新生兒病房，完全超乎我們的想像。我堅信鼓勵公益行為和創新的募款方式絕對重要。再怎麼值得讚揚的想法、再怎麼出色的潛力，如果沒有實現的方法，再多也徒勞無功。

大衛的技術和我們的新科技，由於威爾斯五胞胎於一九九一年在聖母婦產醫院出生而聲名大噪。在那時，我同意當時的醫療部院長詹姆士．金恩醫師（Dr James King）等剖腹手術結束後再打電話給我。當他打電話來時，我的第一個問題是：「是不是有十根小手指和十根小腳趾？」他回答情況並非如此，讓我的心沉了一下。他才又接著說各有五十根呢！我還在考慮是否要原諒他當初對我開這個玩笑。

除了醫療人員之外，還有許多人也全心全意關懷聖母醫院。有一長串的人讓我珍惜他們的貢獻，人數多到我不可能全部列出來，這也是我在聖母醫院生活中的喜樂之一。無論如何，「他們」都知道我說的是誰！

我知道聖母醫院必須發展，但不是為發展而發展，而是為了符合最初創立的目的：照顧貧病孤寂的人、為需要幫助的人發聲。這麼做的時候，必須尊重每個人的尊嚴，因為那是天主所創造的、也是一輩子共存共榮的尊嚴。我堅決相信一旦聖母醫院忘記這項使命，那就跟國家或商業運作的醫院沒什麼不同了。萬一真的發生這種狀況，聖母醫院就不應該繼續存在，其實也不會再存在了。

大事一件

聖母成人公立醫院對布里斯本的慈善修女會向來都非常重要。我們將之視為照顧窮人和病人這項使命的基石。當修女在一九〇六年開設第一所聖母醫院時，真正的目標就是建立一所公立醫院。第一所醫院是私立醫院，但修女都將之視為墊腳石，決心為低收入者創建一所公立醫院，因為他們連在舊社會中收取的些微醫療保險都無法負擔，更遑論現代私人健保所收取的高額保費了。

私立醫院收取的費用就是用來支持一九一一年開幕的第一所公立醫院。儘管如此，聖母私立醫院不僅是執行這個無私目標的方法而已。無論富有或貧窮，一視同仁地提供醫療照護一直是慈善修女會使命的基石。我們的創辦人凱瑟琳·麥克奧利知道，無論銀行裡有多少存款，也免不了會受苦難：沒有人逃得過疾病的試煉。

聖母醫院的修女們突破重重難關，成功創立了公立醫院。聖母公立醫院因其專業性與溫暖的關懷而聞名。在亞力珊卓公主醫院於一九五〇年代中期開幕之前，超過半個世紀以來，聖母醫院是在布里斯本河南岸唯一的公立醫院。修女們證明了那些心存疑慮的人錯了。許多人認為布里斯本頂尖的醫生不會願意紆尊降貴，越過河到南布里斯本來義診，但他們真的這麼做了。新的公立醫院蓬勃發展，而且還因應需求擴建三次。病患的人數遠遠超過醫院可容納的數量。

另外，聖母兒童醫院及聖母婦產醫院這兩所公立醫院的成立是一項重大進步，進一步實踐我們照顧貧弱的使命。我們沒想過公立醫院會受到威脅，但確實發生了，不禁令人膽寒。

昆士蘭政府的健康和醫療政策，向來讓免費的私立醫院難以和政府醫院並存。如同英格蘭和澳洲其他州立的公立醫院，昆士蘭的公立醫院源起於慈善醫院的概念，實際上由較富有的捐款者來支付窮人的治療費用。這種社區意識制度在理論上可行，但捐款者永遠湊不到足夠的資金，因此必須由政府來解危。

昆士蘭政府透過一九二三年的《醫院法案》，實際接管了州立的慈善公立醫院（原註：此法案建立了整個昆士蘭的醫院行政區原則，每個行政區都由地區醫院委員會控制）。此舉保障了建築與設備資金、以及病患照護資金，但卻沒想到公立醫院當然可以是免費的。那是二十世紀中期才發明的產物。同時，公立醫院照護的費用是以收入調查為基礎。根據一九二三年的法規，昆士蘭政府持續提供聖母成人公立醫院的病患照護補助，但政府資金並不補助聖母醫院的資本支出。

第二次世界大戰之後，工黨屈胡里政府的政策擴大控制範圍，從銀行業到醫療領域皆然，大英國協政府也隨之涉足醫院場域。大英國協的醫療福利立法有效地確保公立醫院的治療應予免費。公立醫院病患可以得到每人每日六先令的福利，比昆士蘭政府捐助給聖母醫院每人每日一先令的金額大得多。大英國協政府的作為，有效地將免費公立醫院的概念引進到澳洲。這個概念迅速地在昆士蘭變得神聖不可冒犯。

昆士蘭政府和大英國協就新安排磋商的過程中，不承認聖母醫院是全州第二大公立醫院的地位。實際上，健康部長告知大英國協，昆士蘭境內所有公立醫院都是由州政府擁有及管理的。約翰・凱利後來回想起，他匆匆忙忙在一九四五年十二月三十一日趕赴布里斯本郵政總局，打電報給首相和所有聯邦內閣成員來更正紀錄。在昆士蘭政府的惱怒之下，屈胡里首相於一九四六年一月二十七日居中斡旋，並指示將聖母醫院視為公立醫院。

這麼多年過去了，昆士蘭政府仍然無法（或不願意）提供公立醫院適當的資金補助。實際上，免費醫院方案變成一種累贅，阻礙了現代醫療和醫院服務的發展。在其他州，費用直接引入政府的公共醫院制度中。在聖母醫院，感謝大英國協的方案讓我們勉強支撐下去，但因為必須尋找資金來應付設備和資本發展而絆手絆腳。原來的聖母婦產醫院的建設、和聖母成人公立醫院及聖母兒童醫院任何現代化工程，都是透過大眾捐獻和修女們自己的資金來資助。

儘管如此，聖母醫院並非唯一為尋求發展資金而掙扎的醫院。州系統本身也有問題。在一九六〇年代初期，一所主要的州立公立醫院被描述為澳洲最糟糕的公立醫院。就約翰．凱利的看法，州系統的問題根源，和聖母醫院的問題很類似——資金來源短缺：

> 遲早會有人鼓起勇氣讓昆士蘭的民眾知道，負責支付公立醫院服務的在位者必須盡可能支付服務的範圍……

事實是，如果免費公立醫院床位代表一個國家可供應的最高級免費公立醫院床位，那麼每個人都可享有免費公立醫院床位的理想，遠遠超越了本州的財務能力。

在一九六〇年代中期，事情開始好轉。政府的態度終於稍微軟化。在一九六五年五月，新病床的補助比率調高至病床成本的百分之五十，但成本不得高於三千五百英鎊。政府也同意補助公立病人使用之主要設備的採購，同時提供一千英鎊補助慢性病人使用的新病床。

財務危機

然而，資金不足仍然是個問題。在一九七二年之前，若非數個世代的傑出醫生免費奉獻他們的時間和醫術，聖母醫院不可能撐得下去。當時，即使醫院已經開幕五十多年了，還是會面臨修女們似乎必須放棄夢想的時候。我記得好幾次和高階公務員及健康部長開會，請求在維修和成本資金的分配方面，可以和州立公立醫院享有相同的公平性。畢竟，我們會照料任何來找我們的公立病患；從來沒有只收天主教徒的想法。在一次會議中，經過漫長的請求、寫信陳述我們的個案，一位資深財政部官員勉強同意給我們一筆錢來應付難關。但他加了一句：「我們現在給你們這些錢，以後別再來要了。」

即使如此，我們還是做了重大的轉變。在一九六八年，就在我擔任行政管理修女兩年之後，我們公佈了一項重大發展的計畫——即將耗資九百萬元興建一所新的成人醫院，其中二百五十萬元用在護士教育及改善住宿條件。有些人已經為這項重大方案構思許久，例如約翰・凱利、委員會的成員、修會領導人等，都認為此時是可以大膽行動的時機。補助款有將近二百五十萬元，聖母醫院本身的資源可籌措二百萬元，但四百五十萬元的大缺口還有賴「在昆士蘭由私人機構進行之最大型慈善任務」來補足。

政府絲毫沒有解危的意圖，令我怒火中燒。但是，我們只能悶頭接受這種狀況。我們經常被要求提交符合我們需求的建築規劃圖，但總是被打回票，要我們重新製圖來符合政府的能力，來提供我們需要的資金。與部長和他的官員開會時，討論的重點總是相同的議題：

一、這麼多年來聖母醫院提供的服務，花費政府相當少的成本；

二、有多少次聖母醫院已經繪製並提交計畫、然後為了不一定拿得到的有限政府補助而被迫修改；

三、聖母醫院無法提交符合本身最基本需求的方案，才可以控制在政府嚴格的財政限制中；

四、政府堅持要聖母醫院同意只蓋一處新場所，只是個診療區，而非一所新醫院。

將新發展案限制為診斷設施的作法，忽視了病患在擁擠的病房住宿的惡劣狀況。病床不得不擺在病房中央，毫無隱私可言。走廊上的病床則因為風雨穿透老舊的百葉窗而受風吹雨淋。因此，聖母醫院堅持不同意只興建診療區，因為在不合標準的住宿狀況下，診斷能力改善後，只會進一步需要住宿標準。當然，我們也意識到放射線科和藥房都亟需改善。在設施過度使用的那段期間，我們很幸運沒有碰到工業紛爭。身為工業部主任，歐文．麥克金尼斯很神奇地安撫了員工。

政府一再強調無論是何種發展案，都不保證可以持續補助資金。健康部長道格拉斯．吐斯（Douglas Tooth）表示他不能替未來的政府承諾任何重大的財政開支。壓抑不住怒氣的約翰．凱利便問這種做法如何在州立醫院身上運作。吐斯先生回答：「當然，如果聖母醫院願意改變和政府之間的關係，納入州政府的體制下，那我們可以為你們修改條件。」

州政府和聯邦政府似乎都無意提供資金。我們自知無法籌措必要的財務資源，因此對我們心之所嚮的公立醫院服務來說，這是不祥之兆。

在許多艱難的會議中，讓我印象深刻的其中一場仍和道格拉斯．吐斯有關。當時與會的還有約翰．凱利及我方經理傑克．歐布萊恩。我趁機詢問為何我方的護理執行長瑪莉．吉拉妲修女（Sister Mary Gerarda）無法參加昆士蘭公立醫院護理長的年度會議。小醫院的護理長都受邀參加，但擁有三所公立醫院的聖母醫院卻無法派代表出席。健康部的護理代表是蘇利文女士，雖然大家不知道她的名字，但無論她出席任何會議，絕對使人敬畏三分。她表示只要聖母醫院不屬於政府，瑪莉．吉拉妲修女就不可能被邀請參加會議。

於是，我便以慎重的口氣反問，既然如此，那為何健康部每一年都要求瑪莉．吉拉妲修女這位合格的護理教育家擔任評審委員會的成員，去審查護士的畢業論文？為何健康部希望她出席眾多委員會會議，並和州立醫院的護理長一起擔任其他職責？這些職務都是州政府的命令，而且是無給職。當時的氣氛令人非常激動，最後吐斯先生的回應是他承認對這些事情一無所知。我相信他。根據聖母醫院的百年紀念史《慈善的表現》（Expressions of Mercy）書中記載，吐斯先生盡力在內閣會議中支持我們的目標，但經常無功而返。

然而，在說了這麼多之後，我深信我的言詞已經讓約翰．凱利覺得很尷尬、甚至生氣，所以決定自己說再多也無妨了。於是，我一股腦地將聖母醫院受到的所有不公平待遇說出來。我還沒學會如何跟政府部長周旋的手段。我想我從來沒學會。會議結束後，我覺得渾身虛脫，但卻不後悔。跟著約翰．凱利及傑克．歐布萊恩一起走出大樓後，我們互相對看一眼，然後無法克制地大笑。等我們冷靜後，他們問我：「剛才到底是怎麼一回事？」

我在許多會議上都會把聖母醫院的狀況說出來。我們的公立醫院服務就是把我們帶來南布里斯本的原因。在我們做得很好的情況下，所有的服務也都承受了壓力。為窮人服務的目的是我們的首要重點，所以我不會因為要求我們需要、我們應得的東西而道歉。如此一來，我們才可以繼續扮演公立醫院的角色。但是我們似乎碰到僵局了。

對聖母公立醫院的未來而言，一九七〇年代初期是一段黑暗時代。聖母婦產醫院在一九六一年開幕，但多年以來為了支付四百五十萬英鎊的債務，我們已經沒有準備金來更新聖母公立醫院，而到了一九七〇年代，後者已經到了危險的狀況。在一九五〇年代後期興建聖母婦產醫院時，我們也遭遇過類似的創傷。當時醫院才蓋到一半，錢已然用盡。沒有銀行或其他金融機構願意借錢讓醫院完工。我們所用的每個方法、所做的每項努力都得到相同的回應：我們是個大風險。

天降甘霖

然後，命中注定的一天發生了！約翰．凱利遇見澳盛銀行當地分行經理，並向他大概說明聖母醫院面臨的嚴重危機。雖然澳盛銀行當時不是聖母醫院的往來銀行，但那位經理表示他認為總行會願意參與，事實也果真如此。從那個決定開始，一連串的救援行動讓聖母婦產醫院步上軌道，不致開倒車。澳盛銀行和修女之間簡單的書信往來，就保證建築可以繼續下去，這筆交易讓聖母醫院至今難忘。

現在的聖母婦產醫院於二〇〇八年開幕，當天出席的有昆士蘭州總督昆廷．布萊斯（Quentin Bryce，現為澳洲總督）、總理陸克文（Kevin

Rudd）、州長安娜・卜萊（Anna Bligh）、健康部長史蒂芬・羅伯森（Stephen Robertson）和修會領導人珊卓拉・露比修女（Sister Sandra Lupi），我有幸坐在澳盛銀行的代表旁邊。我很興奮地告訴他，若非該銀行適時在一九五〇年代末期慷慨地伸出援手解決聖母醫院的困境，根本不會有今天這個場合。我非常喜歡總督閣下在那個場合說的話：「這麼多年來，聖母醫院一直是這個地區的重心：溫柔的手、關愛的眼以及優雅的照護。」

在一九七〇年代，正當我們努力募集資金來改善聖母公立醫院之時，一九五〇年代興建聖母婦產醫院所遭遇的創傷仍記憶猶新。當然，原來的聖母婦產醫院的債務必須償還。但是，這麼多年來，州政府提供給聖母公立醫院的資金補助，區區只有聖母婦產醫院七十個公立床位的每床二千元。甚至連商業運作的私立醫院也拿得到這項補助。在這些醫院裡，特定數量的床位會留給公立病患。然而，他們不需要提供全時的醫療照護或全部的診斷及治療服務，而這些都是正規公立醫院必要的操守。

我們透過書面通訊、利用和官員開會的機會，不斷向州健康部表達我們對規劃中的成人公立醫院的嚴重關切。儘管健康部保證我們在提供公立醫院服務方面是不可或缺的，但顯然政府並未將我們視為提供這些服務的夥伴。實際上，我們擔心無論嘗試對聖母醫院的未來做任何規劃，都不會有結果。

某天早上，當時的聯邦健康部長比爾．海頓與我和約翰．凱利會面。他提出一項建議，我們可以有兩種選擇。第一個選擇是經營即將在南布里斯本幾英里外的格拉瓦山興建的一所大型公立醫院。這項提案是整體計畫的一部分，要在三個州興建三所同樣的大英國協政府醫院。當時的總理高．惠特朗（Gough Whitlam）非常重視這項計畫。總理希望大英國協將主要資助者的角色擴大到提供醫院，這也許就是二〇一〇年政策的前兆！這所醫院將附屬於某所大學，不過南布里斯本的聖母醫院早已享有這項殊榮。另一個選擇是在伊納拉（Inala）開設醫療診所。伊納拉是布里斯本西南方的衛星郊區城市，當時並沒有醫療服務。

那真是段暗淡的時間。成人公立醫院永遠都擁擠不堪，我們怎麼能關掉這麼受歡迎的醫院？那些服務多年的醫療和護理人員都是我們珍視的，他們又該怎麼辦？無論接受哪一個選擇，勢必都得關閉聖母公立醫院。於是，我去找修道院的修女們商量這件事。會議上大約有九十位修女。她們之中有護士、實驗室的技術人員、藥劑師、醫學攝影師和放射師。順道一提，我們工作了一輩子，但都沒有薪水，真是有趣。許多修女都知道在生活費和資金補助方面，我們的處境相當艱難。但是，如果提議我們實際離開公立醫院服務的領域，令人非常不安。

討論任何行動的後果，是件耗時的事情，有時甚至很痛苦。隨著夜晚慢慢消逝，顯然修女們仍然維持照顧窮人的初衷。她們認真思考在格拉瓦山經營公立醫院的可能性，那會是一所大學認可的醫院，類似於聖母公立醫院。她們得到的結論是，早期的修女們在聖母醫院位址開設第一所公立醫院時，並非為了經營一所重要的教學設施來贏得讚賞，雖然這麼做有很多優點。相反地，他們主要的目的是照顧那些負擔不起私立醫院服務的人。

修女們建議我們將焦點轉到伊納拉。那裡住了許多原住民和最窮的澳洲新移民，他們都沒有適當的醫療服務。她們覺得這麼做可以讓我們一本初衷。當天晚上結束後，所有修女都精疲力盡，但卻又異常興奮。

我們跟州政府打交道的過程中，健康部的副部長狄克・史特拉頓（Mr Dick Strutton）一直是我們忠實的朋友。我們跟政府間紛擾不清的會議，他每次都參加，也比大部分人更加了解聖母醫院對公立醫院照護的貢獻不可或缺。我在面對狄克．史特拉頓時，對於整個局面若有任何無知之處，絕對對他據實以告——例如健康部是如何運作、要如何提供醫療照護等等。他變成我的指導者、顧問和好朋友，但他仍是位忠實的公僕。

與修女們召開那場關鍵會議後不久，命運就介入了。或者這是天意？我草擬了一封要給狄克．史特拉頓的信，通知他既然州政府和聯邦政府都沒有提供資金給我們，因此我們考慮搬離南布里斯本的醫院位址。我尚未寄出這封信，就聽說他住進了亞力珊卓公主醫院。因為狄克已經變成一位好朋友，我便立即開車去醫院探望他。

他很高興看到我，聊了幾分鐘後，他便問起醫院的事情。我不打算在那個時候讓他擔心，因此就說我不是因為醫院的事情來看他的，只是要確定他病得不嚴重。他了解我的心意，但堅持要知道狀況。雖然我擔心會使他的情況惡化，但還是勉強告訴他海頓先生來訪的事、還有我們可能的回應。他聽了之後很沮喪，我馬上就後悔來看他了。我把這些話告訴他，他回答說他應該要知道，事實上也沒錯。

那封接受伊拉納提案的信，我一直沒有寄出去，到現在都只是封草稿。我去醫院探望他後不久，聖母成人醫院獲得政府資助一事開始出現轉機。一九七六年三月十九日舉行的一場關鍵性會議，他和約翰．凱利討論了如果政府資助的公立醫院建在非政府擁有的土地上、而且是由獨立的非政府組織管理，那會有何影響。在一份備忘錄中陳述的共識，記錄了該會議顯示出聖母醫院和州政府之間的關係已經改善許多。備忘錄中也記載了這兩位正直的男士之間互相信賴的程度。

狄克．史特拉頓暗示政府應該可以插手醫院的未來，約翰．凱利對此事的回應令人難忘：

> 我對他直言我們無意建立一長串的協議，因為此舉只會對全面性的影響造成麻煩。我認為可行的狀況是在聖母醫院的同意下，將大筆政府資金用於聖母醫院的土地，這種作法象徵著一種具有「信託」性質的協定。如此一來，醫院不會在沒有政府同意的情況下，斷然停止運作。他建議跟我們進一步討論此事，很滿意可以按這種方式找出解決之道。協定愈簡單愈好……
>
> 我強調關於這些問題，只要遵守一個簡單的原則即可。聖母醫院

不會同意讓政府在聖母醫院的土地上建造一所新的醫院；而是在政府的協助下，由慈善修女會來建造新醫院。

事情就這麼決定了。只是簡單地換文，雙方就同意聖母醫院會繼續在公立醫院提供醫療服務四十年。此外，若聖母醫院覺得必須在時限之前停止服務，務必先跟政府商討此事。約翰．凱利這個天才和他信賴的狄克．史特拉頓想出來的辦法，的確是簡單又令人滿意的解決之道。

聖母醫院永遠欠路．艾德華茲醫生一份情。身為健康部長和副州長，他解救了我們許多次。他曾經插手一件我們絕對不能忘記的事情。健康部的官員對我們施壓，要聖母醫院成為第一所使用冷凍食品工廠食物的醫院，那間工廠供應日常餐食給所有的州立醫院。我們對這種想法只有憎厭可言。對於提供給病患和員工的食物品質和做法，我們感到非常驕傲。那也是我們照護政策的重點。此外，新醫院的廚房設計可以烹調數百份餐點，如果要變成冷凍食品分配處，那就會影響設計。簡言之，我們拒絕了。

我們下定決心絕不使用冷凍食品，所以健康部為了說服我們這項新系統的優點，便要求我和助理管理員派特・麥奎爾去參觀雪梨和墨爾本的冷凍食品廠。我們被帶到一間工廠，經理很驕傲地帶我們進到冷凍室，極其滿意地指著一排排擺滿了聖誕大餐的架子給我們看。當時才六月而已呢！

我們對望一眼，當時就已經有答案了。為醫院裡的每個人準備聖誕大餐的喜悅又到哪兒去了呢？在回程時，我們堅持保留原來的烹調和食品呈現方式，但我們堅持己見的態度卻引起極端的憤怒。若非路・艾德華茲的支持，我們不可能可以如願自行設計廚房，來烹調病患和員工會喜歡的食物。直到今日，我們還是非常感謝艾德華茲醫師能夠為了我們出手干預。

貴人相助

另一個官員插手的事件發生在一九七四年。在當年一月份布里斯本發生水災之後，工場總監比爾・瑞德斯（Bill Riddles）面臨一個非常嚴重的問題。他發現放在聖母醫院建築物屋頂上的蓄水池都空了，結果廁所或水龍頭都無水可用。布里斯本市政府告訴他，位於布里斯本河的水管上的某個控制機制壞掉了，因此水無法通過。更糟的是，市政府表示全市的其他緊急事件已經讓他們超過負荷，所以無法提供協助。我在那時候才收到通知。無法送回家的病患必須轉送到亞力珊卓公主醫院和皇家女子醫院（Royal Women's hospital）。

我知道市長克蘭．瓊斯（Clem Jones）是個足智多謀、反應敏捷的人，便打電話給他。在一小時內，蓄水池就滿了，廁所和水龍頭也恢復正常運作。聖母公立醫院副護理長吉兒．馬歇爾（Jill Marshall）還記得：「我們都很感謝天主和市長克蘭．瓊斯。」我不知道那天是否為友誼的開始，但克蘭．瓊斯變成我一輩子的朋友。我非常敬重他。

即便在逆境中，通常也會有輕鬆的時刻。賽門．喬治（Simon George）是聖母醫院重要的支持者。有一次，我和妞拉去庫爾帕羅（Coorparoo）參加他母親的喪禮。由於她深受家族敬愛，所以應該會用她的方式來送別她。彌撒在十點鐘開始。因為我必須在十一點四十五分回到聖母醫院簽署合約，就把車停在教堂出口附近的空地。每個兒子都談到母親、談到她所承受的苦難、也談到她灌輸給孩子的信仰。時間一分一秒過去了，然後我發現我和妞拉必須在彌撒結束前離開。我們偷溜出來，準備趕回去。結果，我們的車子四面都被圍住了，令人非常惶恐。我們手足無措地站在那裡，不知道該如何準時回到聖母醫院。此時，靈車的駕駛問我們碰到什麼麻煩。我們把問題告訴他，結果他提議送我們回聖母醫院，還說依照彌撒進行的速度，他還有很多時間可以趕回來。因此，我們就上了靈車，妞拉坐在後面放棺材的地方，我則坐在前座。我們回到雷蒙德特雷斯鎮後，趁著沒人看到趕快下車。我正好準時赴約。當天下午，派特・麥奎爾載我回教堂，只剩下一輛車子孤獨地等著我。

身為行政管理修女，我必須跟許多健康部長協商斡旋，也認識了很多人。我全都記得。除了道格拉斯・吐斯和路・艾德華茲之外，我還記得肯恩・麥克艾利格特（Ken McElligott）。他相當理解我對愛滋病患者的處理方式。我請他幫忙在五胞胎的母親梅麗莎・威爾（Melissa Wale）返回洛克漢普頓家中休養時提供護理協助，他也給我實際的支持。我還記得伊莎山礦產公司總裁詹姆士・傅茲爵士（Sir James Foots）的鼎力相助。他為了那五位新生兒，請求洛克漢普頓扶輪社提供不少的尿布。

我和政治領袖的往來，一直持續到二十一世紀。彼得・比提（Peter Beattie）在一九九六年成為昆士蘭州長之前，是位既容易相處、又非常和善的健康部長。繼位擔任州長的是安娜・卜萊。她是南布里斯本的一員，那個選區也包括聖母醫院。她經常參加我們的大型宴會，也展現出她對我們的關注和體貼。身為州長，彼得・比提決定州政府應該提供資金援助新的聖母婦產醫院；而安娜・卜萊在擔任州長期間，指示將全新的高等昆士蘭兒童醫院（Queensland Children's Hospital）蓋在聖母醫院旁邊。

因為朋友和支持者的支持，使這些棘手問題的討論過程變得比較輕鬆而可以忍受。但若沒有這麼多人來維持醫院的運作和維護建築物的安全，這些討論是不會有結果的。其中一位是山姆・坎布利吉（Sam Cambridge）。他的公司三十多年來都是聖母醫院的諮詢結構工程師；他的兒子鮑伯（Bob）現在也繼承這項傳統。我有幸在山姆於一九九七年病入膏肓前跟他相處。山姆虔誠地信仰天主，他也是我認識最正直的人。我談到耶穌說生活就是敬愛天主、善待他人。山姆回答：「你說的沒錯。一切就是這麼簡單。」一週後，他就過世了。坎布利吉家族捐贈了一幅畫給新的聖母醫院，紀念聖母醫院這位永遠的好友。

力守家園

聖母兒童醫院於一九三一年開幕時，我才六歲，住在距離布里斯本一萬四千英里之遙。無論是醫院或我，都沒想到我們的命運未來會有如此緊密的連結。醫院的建築物以派崔克・波特院長來命名，而她的夢想是要興建一所大型的現代化公立醫院，備有內科和外科病床、育嬰室和手術室。但是，經濟大蕭條危害了那幾年，導致融資限制，醫院的建設因而受限到原始計畫的一半。當時的想法是在未來的某個階段再增加第二側房。所謂的「某個階段」延宕了數十年。

錢一直都是問題。聖母醫院非常需要一個兒童醫院，這點毫無疑問。布里斯本市唯一的小兒科設施就是布里斯本兒童醫院（the Brisbane Children's Hospital），多年來已經被壓力壓得喘不過氣來了。布里斯本的人口在一九二〇年代快速成長；新的市郊社區從布里斯本河兩岸的舊市中心向外延伸。南區市郊新社區的家庭需要一所兒童醫院。幸好，修女們的老朋友喬治・威爾基・葛雷（George Wilkie Gray）在一九二四年過世後留下遺產，因而扭轉了局面。聖母兒童醫院於一九二八年開始興建。不幸地，一九二〇年代的繁榮並不長久。到一九三〇年，建築物才蓋了一半，大家就切切實實感受到大蕭條的存在了。修女們知道向來慷慨的支持者已經無法再幫助聖母醫院，所以她們必須將就一所小得多的兒童醫院。不久之後，醫院就在一九三一年七月六日開幕，八十張病床全滿。兒童醫院裡總是人滿為患。

聖母兒童醫院當時是布里斯本河南岸唯一的公立小兒科醫院，現在也是。政府並未提供任何資金協助來減輕這個負擔。但是，整個社區就是修女們的後盾，一直都是。聖母兒童醫院在一九三二年的第一次年度報告中，說明了社區民眾在金錢和物品方面的捐助，令人感動。他們捐贈的物品包括火腿、魚、奶油、蔬果、床單和毛巾。從一開始，醫院就是建築在對弱勢族群的愛和照護之上。

修女們確實做了一些改善來減輕醫院的壓力。在一九六〇年代初期，我們在沒有政府協助的情況下，完成了新的急診部。這是布里斯本河南岸唯一的急診部，每年處理的人次高達三萬三千人。但是，在病患人數不斷增加的情況下，要在老舊的建築物裡提供最新的內、外科照護，仍然是很艱難的事情。

一九七一年五月十二日，醫院發生火災，差一點釀成大禍。感謝天主保佑，一位已經下班的消防隊員約翰・梅爾（John Maher）發現煙霧並發出警報。我在辦公室裡聽到這個壞消息。醫院裡發生火災的景象令人心驚肉跳，在兒童醫院甚至更糟。我感謝天主有那名消防隊員將火勢控制住，當然我也感謝那名消防隊員。一百一十九位兒童分別撤到附近的草地上、或到現為奧比尼廣場的聖母私立醫院。這場冷靜、果斷、成功的撤退行動，引起大眾注意到布里斯本南區唯一的兒童醫院的需求、以及社區民眾對醫院的依賴程度。這件事也提醒大家，天主永遠都會庇祐醫院、也會庇祐在醫院裡為祂工作的每一個人。

布里斯本的報紙大幅報導此事，並刊出護士帶著孩子離開醫院的照片。有些孩子還插著點滴。其他孩子則躺在特殊病床和保溫箱裡被推出來。保溫箱是特殊的嬰兒床，可以維持穩定的溫度，還配備了許多監視裝置。還有許多英勇的故事。瑪莉・麗亞修女（Sister Mary Lea）冒著生命危險衝回育嬰室，在濃霧中將兩隻手伸進嬰兒床裡，確保所有嬰兒都抱走了。在某間手術室裡，戴思．麥考金醫師（Dr Des McGuckin）正在幫一位罹患食道閉鎖的孩子動手術，在場的還有麻醉師黛絲．布洛飛醫師。他們還在手術室的前室繼續工作。

雖然成功撤退讓人鬆了一大口氣，但仍發生了一個悲劇。在聖母醫院擔任工場總監多年的史丹．安德森（Stan Anderson），隔天因為心臟病發而死亡。有人認為心臟病發作起因於火災的創傷，特別是發生在他的專業場域。正如我當時所言，他的「職位負有重責大任，修女們對他很有信心，也非常依賴他。」在南布里斯本浸信教會舉行葬禮時，許多慈善修女會的修女都組成儀隊來緬懷他。

媒體針對醫院困境所做的大篇幅報導啟發了社區民眾，大家團結一心，正如災難之時一樣。有些公司提供必需品、更換設備，許多公司也派出技術人員來幫忙。其他醫院也願意接收病童。在這之中，媒體扮演了最幫忙的角色，所以我在一九七一年五月二十日去信致意。那封信署名給《電訊報》（Telegraph）的總編輯約翰．偉克菲爾（John Wakefield），我在信中對他們正確的報導、以及記者和攝影師在報導中展現的善意與同情，表達感謝之意。捐助和個人提供的協助不斷湧入，讓我們毫不懷疑社區民眾對我們珍貴的兒童醫院有多麼深的尊敬和感情。

昆士蘭報業有限公司，特別是他們的總裁瑞格．里歐納（Reg Leonard），開始密切關注布里斯本兩所兒童醫院的需求。在昆士蘭報業公司贊助、以及平面媒體、廣播電臺和第七頻道支持之下，他鼓動了一股意外的援助來源：兒童醫院募捐活動。儘管如此，在聖母醫院能夠收到募捐活動的資金之前，我們必須證明在入院方面不會偏好天主教兒童。這些話實在很刺耳。我們不禁懷疑提出這種問題的人，腦袋到底是怎麼運作的？而且，對我們從一九三一年到現在所做的事，他們又知道多少？我們實在無法理解，為何有人會認為聖母醫院會因為宗教因素來選擇哪些孩子可以入院、哪些不行。

浴火重生

瑞格．里歐納覺得尷尬又愧疚，但也說他沒有選擇，只能請我們檢視以往的紀錄來減少疑慮，讓他們願意將社區資金給聖母醫院。這種明顯的偏見消蝕了我的耐心，令我怒不可言。然而，我別無選擇，只能從聖母醫院住院部取得三個指定月份：一九七四年四月、五月和六月的相關統計數字。這些紀錄保存在鄰近醫院的克萊倫斯街的舊房子裡，必須用人工一一完成。附近聖勞倫斯學院（St Laurence's College）的幾個大男孩幫忙收集資料，但聖母醫院也必須分派一些員工來進行這項工作。聖母醫院沒有人會對結果感到訝異。在一千五百五十四位住院病患中，只有五百三十三位是天主教徒。

募捐活動繼續進行，供給聖母兒童醫院和北部內陸郊區赫斯頓（Herston）的皇家兒童醫院（the Royal Children's Hospital）的需求。這些捐款讓聖母醫院能夠取得珍貴的設備、建造「瑞格・里歐納爵士環」（the Sir Reg Leonard Link）來連接兒童醫院和成人醫院，並提供研究和臨床服務的空間。瑞格爵士於一九八二年受勳，主要是因為他對社區的貢獻。同一筆資金也讓我們得以在一九七九年興建瑞格里歐納大樓，如果來自於鄉下的父母和孩子必須在醫院待一陣子，這裡也可以提供他們住宿。

在火災之後，一般性的募款也比較順利。我們的聖母獎品屋藝術協會對聖母婦產醫院的興建功不可沒。藝術協會委員會的主席是約翰・凱利，成員包括傑克・歐布萊恩（之後是派特・麥奎爾）和我，我們每週開會決定藝術協會的活動。頒發聖母醫院獎品屋時，通常都會吹奏特定的號角。

頒獎時，會有一位州政府的部長出席正式的宴會，並發表演講。約翰．凱利擔任這些正式宴會的主席，由於部長是逃不掉的觀眾，約翰便利用這個場合說明聖母醫院在公立醫院領域所提供的服務範圍。隨後是部長演講。有些部長一直到隔天早餐喝茶時，還喃喃自語地說他們「從來不知道聖母醫院做了這麼多」，令約翰覺得非常有趣。

由約翰．奧爾瑞奇（John Ohlrich）主辦的聖母醫院募捐活動則是另一個募款機制。在瑪莉．維吉爾修女（Sister Mary Virgil）的協助下，約翰．奧爾瑞奇設立了一個成功的募款機構來募款，不僅在布里斯本，還遍及昆士蘭西部和中部許多地方。無論任何管道募得的款項，都用於三所公立醫院的發展和維護。

遭受祝融之後，聖母醫院明顯獲得大眾支持，這也是向政府提交重要文件的完美時機，藉此說明成人醫院和兒童醫院面臨的危險狀態和迫切需求。我寫了一封非常坦率的信給健康部長，說明聖母醫院「正處於抉擇未來方向的關頭」，而且我們也認真考慮是否要減少成人公立醫院的服務、或乾脆空出那個地方。我提醒政府在亞力珊卓公主醫院於一九五〇年代末期開幕之前，聖母醫院一直是布里斯本河南岸唯一提供公立照護和急診服務的醫院。我們也自願放棄對公立醫院服務收費的權利，來配合政府的免費醫院政策。

最後，政府終於同意資助聖母醫院的基本工程，但最初只補助非常有限的範圍。於是，我們開始撤離，以便進行三層樓的擴建工程，以期完成兒童醫院原始的規劃。然而，歷史再度重演。這一次，澳洲面臨通貨膨脹時期，商品成本增高、原料短缺、金錢的價值下滑。在一九七四年，就在建築完成一半之際，建商被迫清算倒閉，跟一九三一年的狀況一模一樣。有一陣子，所有工程都中斷了。在關心建商之際，我們非常擔心承包商會因為合約中止而失去事業。

幸好約翰．凱利有先見之明，有一筆十萬元的應急金，放在儲蓄帳戶當作銀行保證金，才能讓工程完工。所有承包商都繼續僱用。安德伍建設公司變成專案經理，由雷．貝利（Ray Bailey）擔任監工。建築師是霍爾菲利普威爾森公司的哈瑞．查普曼（Harry Chapman），變成聖母醫院的談判代表，肩負了重責大任。建築物的總成本將近三百萬元，州政府補助的比例是兩元補助一元。我記得在艱困的那幾年，健康部副部長狄克．史特拉頓的支持和友誼，令我深深感動與感激。由於州政府同意補助聖母兒童醫院的擴建工程，最後終於刺激政府同意資助我們的新成人公立醫院。

四十五年前的夢想，在聖母兒童醫院於一九七六年三月九日開幕之時，終於實現了。開幕儀式由法蘭西斯．洛許大主教（Archbishop Francis Rush）主持。此外，政府也同時戲劇性地宣佈，將會完全資助在南布里斯本的位址興建新公立成人醫院，在聖母醫院公立醫院照護的悠久歷史中，這可是有史以來的第一次。因為部長「公開宣布」，讓我鬆了一口氣。當時的健康部長、也是聖母醫院的好朋友路．艾德華茲醫生公開表示：

> 如果我就此打住，並說政府已經接手聖母公立醫院，官僚體制即將出現，那就大錯特錯了。聖母醫院絕對不會失去原來的身分，會依照精神和宗教信仰來運作，他們的奉獻也無法衡量或形容。

隨著我們繼續在醫療和科技進步的情況下照顧病人，這些看法對我們非常有益。我們的使命仍然一樣：將每個人視為獨特的個體來對待，有自己的精神、靈魂和身體，塑造成天主的形象，生命注定永遠長存。

雖然政府改變心意是件好事，但聖母兒童醫院的故事還沒完。醫院跌宕起伏的傾向仍然持續著。風光開幕才不過十五年，聖母兒童醫院就可能因為某種程序的演變而消失在南布里斯本。在一九九〇年代初期，昆士蘭健康部計畫將健康照護系統的權力從中央下放到地區。在醫院和社區民眾的驚愕中，政府廢除地區醫院委員會，並建立地區性的健康主管單位。在健康部長肯恩·麥克艾利格特的支持下，聖母醫院仍保有自己的委員會，而我則成為南布里斯本區域健康管理局的一員，聖母醫院也要向管理局報告。

在這個階段，我已經從行政管理修女的職務退休，並在聖母醫院擔任新職：健康服務資深主任。我的職責包括代表聖母醫院和政府聯繫。沒想到這個工作後來會這麼有挑戰性！亞力珊卓公主醫院的醫療部院長約翰·高利奇醫師（Dr John Golledge）變成南布里斯本區域健康管理局局長。聖母醫院應該將所有與成本及進行中的維護資金相關的事務送交給他。但我們之前已經協調過要將這些和其他醫院事務直接送交給政府。每個區域健康管理局都發展自己的策略規劃，聖母醫院則受到規劃師愈來愈多的審查。而這些審查也變得愈來愈不便。

強辯變成討論的常見特質，而這個區域內的小兒科服務的問題焦點就在聖母兒童醫院扮演的角色。聖母兒童醫院是否位於最適當的位置，可以應付人口成長快速擴張地區的兒童需求，這是亟需解決的一大問題。無可避免的事情就發生了。在一九九二年，高利奇醫師建議我們考慮將聖母兒童醫院遷移到伊莉莎白二世二十五週年紀念醫院（the Queen Elizabeth II Jubilee Hospital, QEII）位於格拉瓦山的位址。我感到萬分驚恐。可想而知，這項提議讓整個聖母醫院驚惶失措，聖母婦產醫院更是特別惶恐。將兒童醫院的服務和員工專長抽離聖母婦產醫院忙碌的新生兒科，會造成什麼後果，新生小兒科主任大衛·杜迪霍普醫師都仔細地一一寫下來。還有許多來自聖母醫院資深員工的信件，也力勸我們不要遷移。

然而，為了表示善意，我們同意參與一項可行性研究，來決定聖母醫院在哪裡可以提供兒童最佳服務。如果我們拒絕這麼做，政府委員會非常可能會在我們不知情的狀況下，宣佈聖母醫院的位址不合適。如果發生那種事，聖母兒童醫院就會被取消取得資金補助的機會。無論如何，身為慈善修女會的修女，我們從事神職的目的就是到最需要的地方去服務。因此，這項研究可以提供資料給我們做為決定未來的基礎。

一九九二年五月十四日舉行了一場委員會會議，主席是凱文·萊恩法官，布里斯本慈善修女會修會議會全員出席，修會領導人為瑪丹娜・喬西修女。大家在會議中仔細考慮聖母醫院應該如何回覆區域管理局。我們草擬了一份決議文，瑪丹娜修女遞送了這份修女和醫院委員會的聯合回應。決議文寫著：

> 謹此回應南布里斯本區域健康管理局的邀請……慈善修女會願意參與此項結構完整且廣泛的可行性研究，調查將聖母醫院集團之高等教學兒童醫院改變至適當地點的可能性。此一研究之設計與執行必須經過慈善修女會之代表明確同意。

瑪丹娜修女的信中進一步說明修女們希望得知每一個後續步驟，以確保她們無論在可行性研究的初期策劃階段、或後續執行階段，皆有適當的代表權。對於聖母醫院努力獲得認可及保有主權一事，當時確實是關鍵時刻。如果不參與這項研究，可能會危害聖母兒童醫院的整個未來。區域管理局接受了聖母醫院的建議，並設立委員會來執行這項可行性研究。南布里斯本區域健康管理局的副局長羅斯・唐寧（Ross Dunning）擔任委員會主席，並由約翰・高利奇醫師擔任副手。其他成員包括醫院工會代表葛蕾絲・葛雷斯（Grace Grace）和約翰・范林特（John van Leent）、以及當時QEII醫院醫療部院長茱莉・哈德森醫師（Dr Julie Hudson）。我和派特・麥奎爾則代表聖母醫院。

這項研究為期數個月。在這段緊張的時期，媒體上流傳了一些有損聖母醫院名聲的傳言。例如遷移聖母兒童醫院的想法其實是聖母醫院自己煽動的；如果真的搬遷，QEII的員工就會丟飯碗，還會被迫到城外的羅根醫院（Logan Hospital）工作；這是天主教會要接收州立醫院的行動等等。面對這些沒有根據的有害批評，實在很難保持沉默，但我們尊重自己的承諾將研究完成。這些不實的謠言引起研究過程中的關鍵性時刻，當時大約有六名工會代表要求參加委員會會議，表達他們對聖母醫院明顯入侵QEII地盤的不滿。

當工會代表將怒氣指向聖母醫院時，我無法再保持緘默。我直接明白地告訴他們，聖母醫院並不希望搬遷，這項提議源自於區域健康管理局，而且我們參與研究只是為了表達善意。工會代表因此比較瞭解事實的真相，但是當他們離開時，屋內的緊張局勢仍然顯而易見。我和派特・麥奎爾都不感到後悔。確實，讓那些具有高度影響力的人知道真相，也是一種解脫。

堅持扶困救貧

無論在任何場合，聖母醫院都堅持我們主要照顧的是中低收入病患，而且他們必須利用公共交通工具才能來醫院。到QEII的公共運輸服務極為不足，即使政府保證一旦聖母醫院遷移到那裡情況就會改善，我們也不相信。我們留在聖母醫院原址也有經濟優點，可以和整個醫院群共享餐飲服務、放射線、病理學和其他服務。醫療人員非常擔心將新生兒和小兒科專科醫生分開，也對嬰兒和兒童的整體照護有害。因此，我決定奮戰下去。

在整個審議過程中，我和派特・麥奎爾不斷向委員會和修女們報告事情的發展狀況。區域管理局應該很清楚，聖母醫院不相信我們應該搬離現址。然而，討論仍然非常激烈，來自於羅斯・唐寧和約翰・高利奇的壓力也愈來愈大。儘管如此，聖母醫院相信區域健康管理局已經接受我們不會搬遷的事實，並應該停止這項研究。

然後，我和派特・麥奎爾被召去健康部長肯恩・海沃德（Ken

Hayward）的辦公室討論此事。我們相信去到那裡，就會被告知此事就此打住。但是，一到部長辦公室，我們就面對十幾個人，包括公務員、部長和高利奇醫生。部長問我們是否已準備好將聖母兒童醫院移轉給QEII。我們瞪大了眼睛、驚訝地看著他。派特．麥奎爾轉過來看著我，毫不意外地，我壓抑已久的情緒瞬間爆發。

我非常坦白地對部長說話。我跟他說我們不想遷移的原因，特別是缺乏公共運輸；在忙碌的新生兒科附近保有一所小兒科醫院的必要性；從南布里斯本搬遷需要雙倍的員工和設施；以及我們打算在未來繼續發展聖母兒童醫院。海沃德先生一臉驚訝，似乎他並不知道之前的討論狀況。空氣中充滿火花，但我和派特的立場很堅定。

之後，我們離開議場，走到地下停車場去開派特的車。我覺得筋疲力盡。我轉過來對派特說：「我很想死。」雖然委員會的成員並未授權我們對部長的問題給與這麼斷然直接的回答，但我們知道他們百分之百信賴我們，這是最令我們倆人感到安慰的。在那段黑暗的時期，這是我最常記住的一件事。幾天後，部長寫信給委員會，問了相同的問題：聖母醫院何時搬遷？我們的回覆想必讓部長再也無須懷疑聖母醫院的立場。好不容易，這件事終於落幕了。

為了讓社會大眾直接從聖母醫院聽到續留在南布里斯本的理由，我們自己發表了一份新聞聲明，是由派特以聖母醫院的執行長的身分、我以健康服務資深主任的身分簽署的。聲明中還提到聖母醫院的修女們和委員會，都承諾在南布里斯本現址繼續高等小兒科教學服務，並希望獲得健康部長的支持。

進行可行性研究期間，我們經常懷疑政府為何如此熱衷力勸我們遷移到格拉瓦山。事情落幕後很久，我們才發現南布里斯本區域健康管理局被要求將區域內的成人公立病床減少兩百床。由於QEII大約有兩百張病床，於是管理局發現只需將它改成小兒科醫院，就可以達到減少區域病床數的要求。

聖母兒童醫院的歷史確實有苦有樂。現在，每當我看著群聚在聖母院區的所有現代化醫院，就會想起數年前和妞拉一起回愛爾蘭的一段經歷。烏娜帶我們去看梅奧郡古老的貝林圖柏修道院（the Ballintubber Abbey）附近的凱爾特溝（the Celtic Furrow）。我們在那裡走過一座迷宮，那座迷宮用故事、模型和圖畫來追溯愛爾蘭的文化根源，從新石器時代的農夫到凱爾特的畜牧者、再到基督教時代的早期——千年的希望和克服逆境。迷宮也描繪出原始的異教徒慶典和基督教教會年曆之間的交集。

我們是現代的朝聖者，踏著凱爾特人生活和精神的古老途徑，帶給現代一份有益的訊息。當我們走到終點時，出現了最引人注意的時刻。我們看到一則訊息寫著：「西元三千年。我們現在是什麼樣子，都是因為你的選擇。」

我們選擇在南布里斯本保留成人及兒童公立醫院服務。數年後聽到政府願意出資在我們的院區內興建一所全新的聖母兒童醫院，真是令人充滿喜悅。這所優美的現代化醫院於二〇〇一年開幕，當時的執行長是馬克・艾維利（Mark Avery）。更棒的是，政府在二〇〇七年宣佈進行一項新計畫，將在聖母醫院隔壁興建昆士蘭小兒科中心（the Queensland Centre for Pediatrics）。

現存的聖母兒童醫院和赫斯頓的皇家兒童醫院做得很好，也有他們自己值得驕傲的傳統，但兩者都將被這所新醫院取代。聖母醫院隔壁的地點更加適當，因為此處與私立醫院共用一個地點，而且位於郊區，一些有趣的地方就在附近，例如南岸公園（the Southbank Parklands），家人可以帶長期住院的病患離開病房透透氣。

我很高興聖母醫院和昆士蘭政府現在享有比較具建設性的夥伴關係，而不是過去常見的狀況。《二〇〇八年聖母醫院公立健康服務法》為這件事做個總結。這項新立法的宗旨說明了國會承認「聖母醫院及昆士蘭慈善修女會修會信託法人在提供公立病患健康服務方面的重大貢獻。」

我相信這項法案的通過、以及政府資助新的聖母婦產醫院一事，已經實現了早期修女們設立各個聖母醫院時的願望——被政府認可為提供全昆士蘭人最高品質的健康照護。

我們在昆士蘭的人已經習慣於接受及時且適當的醫療照護，但我們不見得知道人口持續增加，無可避免會造成可用的服務產生短缺。看過國外許多國家的健康照護系統後，我確實知道我們在昆士蘭的人真的非常非常幸運。

我們特別委託知名藝術家威廉・達吉為約翰・凱利畫像，以紀念他對聖母醫院的貢獻。

拜會愛爾蘭總統。左起周碩良、吳秀里、我、麥克亞歷斯總統、臺灣駐愛爾蘭代表李南陽、夫人李王珍、史考特・葛雷葛利、海倫・葛雷葛利和艾力克斯・李(上圖)。愛爾蘭交通部長諾爾・丹普西和他的妻子柏娜黛德與我和妞拉(左)合照(下圖)。

澳洲總督昆廷· 布萊斯與聖母健康服務執行長約翰・歐唐納合影(上圖)。布里斯本慈善修女會的領導人珊卓拉・露比修女(下圖)。

瑪格麗特大嬸和派特・伊瑟林大叔(上圖)。1994年在以色列尼吉夫沙漠遇見這匹駱駝，牠似乎在問：「我們認識嗎？」(下圖)

重要使命

我現在已經退休了，可以認真回想那些艱辛的經驗，例如聖母兒童醫院的種種經歷，還有那些特別的人。他們拓展了我的心智、豐富了我的人生。對於在現代化的澳洲管理醫院系統的人而言，應付政府只不過是每天加諸於肩膀上的眾多挑戰之一。內部管理需要進步和發展，才能符合現代世界對責任、公平和效率的期望。破除慈善修女會自動任命修女擔任高階職務的舊傳統，改為公開徵聘，是現代化過程中的基本要素。

然而，就聖母醫院的治理而言，我們必須更進一步來明確界定修會領導身為聖母醫院信託人的角色。我們必須找出一個方式，雖然將治理醫院的整體責任放在委員會手中，但還可以讓修女們持續神職所有權，並且維護她們的利益，特別是她們的價值觀。委員會只提供建議給修女的時代已經過去了。我也認為我的執行長繼任者很可能不是慈善修女會的修女。這麼大規模的改變必須妥善規劃。就治理和管理而言，我發現國外的範例非常有教育性。藉由在美國參加天主教健康照護研討會、並且閱讀《美國天主教健康協會期刊》（the American Catholic Health Association Journal），我得知了底特律市法明頓丘（Farmington Hills, Detroit）所運作的健康照護系統。跟他們的高階主管會面多次後，我受邀去當地一段時間，實際了解他們如何管理和治理這麼多醫院。

因此，在一九八六年三月，我去底特律三個月，有機會參加好幾場委員會議及管理暨規劃委員會會議。我很幸運，在天主教健康照護領域中傑出人員給我的建議，讓我獲益良多。

當時，所有的天主教醫院都是由修女和修士的修會所贊助的。在那種情況、那個時候，「贊助」一詞並不在我的詞彙中。當時的法明頓丘佈道團主任瑪莉．康西莉雅．莫蘭修女（Sister Mary Concilia Moran）將之定義為對一個專案、計畫或組織的支持、影響及責任，可以促進贊助團體的目標和抱負。她對這項治理要素的洞察力，有一段時間引起質疑。在聖母醫院這樣的機構，無論現在或過去都是必然的現象。這個議題構成了《在我們離開後：創造永續的贊助》（After we're gone: Creating sustainable sponsorship）一書的主題。康西莉雅修女擴大了贊助的定義：

贊助進一步暗示了贊助團體公開認同該項專案、計劃或機構，並確認提供他們可用的資源。

當我到達法明頓丘時，面臨了一個惱人的大問題：我到底來這裡做什麼？我在那裡待了整整十週，一直為這個問題所擾。我在法明頓丘停留期間，到底有何任務，一直未獲得明確的指令。但是，對於聖母醫院各個不同層級的治理和管理的角色、責任和權力，我想提出一些難解的問題，也希望能得到答案。

醫院生活中不時出現治理和管理的難題，讓我增長實務知識。美國天主教健康照護領域中受敬重的人物也給我建議，甚感榮幸。於是我開始規劃結構指導方針，也許可以釐清聖母醫院這個時期的問題，並且做為未來的指引。但是，我當時並未意識到澳洲或紐西蘭的其他天主教醫院不曾提過這個問題。

瑪莉・康西莉雅・莫蘭修女變成我的良師益友。她數年後死於癌症，在此之前，我經常跟她保持聯絡。她跟我談到如果修會領導階層的修女缺乏能力、或想要擔任諸如健康照護等大型神職機構的贊助人，就必須提前為不可避免的結果做規劃。在當時的澳洲，修會非常龐大、興盛，修會不再是贊助單位的狀況簡直無法想像。但隨著這些年過去，我瞭解要為那一天做準備的重要性。

我去美國之前，已經知道也許沒有慈善會的修女可以取代我的職務，所以第一次建議由不是慈善會的修女擔任執行長來管理醫院。我們的修會領導人凱絲．柏克修女（Sister Kath Burke）和委員會都同意，讓我鬆了一口氣。我擔任行政管理修女那幾年，在委員會都有完全投票權，所以我認為我的繼任者也該享有這項權利——確實也是如此。

因此，我毫不意外法明頓丘組織裡每個機構的執行長在委員會裡都有完全投票權，而且不分性別（雖然當時都是男性）、不分信仰（雖然並非全是天主教徒）。修女們認為執行長身負醫院日常管理的重責大任，所以他們應該享有和責任相當的權利。我完全同意這個看法，而且在我回去後，這個原則也獲得核准。派特．麥奎爾就是在這些條件下任命的第一位執行長。

我在法明頓丘期間，很幸運有機會經常與天主教健康照護領域中最頂尖的人物聯絡和交談，包括慈善健康服務主席艾德．康諾斯（Ed

Connors）、佈道團主任康西莉雅・莫蘭修女、和瑪莉・聖格勞勃修女（Sister Mary Sengelaub），她是會出席全國性健康照護相關重要會議及討論的傑出人物及演講人。

在我離開美國之前，針對聖母醫院未來的治理和管理概念寫了一篇論文。文中詳細說明了修會領導人、及作為修會信託人的議會之間的相對責任和權力，還有委員會及內部執行小組的責任與權力。為了確保這份文件正確、詳盡，我前往渥太華請知名的教會法律師法蘭克・莫里瑟神父（Father Frank Morrissey）對我的草稿批評指教。

回程時，這份文件已經經過詳細審查了。在我提議的新組織結構被修會領導人、議會和委員會採用之前，做了一些改變。

基本上，聖母醫院委員會以往只是顧問性質，經過結構重組之後，變成在信託人委派的領域內擁有權力的治理主體。如此一來，即可免除我身為行政管理修女所經歷過的挫折感。在那個年代，修會才是醫院的所有人，所以執行長仍然必須取得修會的同意。我們慢慢地將新的組織解釋給聖母醫院的所有人知道，包括修道院裡的修女。由於這個結構比較清楚，所以多年來我們都運作良好，直到二〇〇一年為止。

法明頓丘的管理小組也建議我們將聖母醫院集團（Mater Hospitals）改為聖母健康服務集團（Mater Health Services）。這一點也在適當的時候完成了。法明頓丘的另一項建議跟我的職位有關。管理小組建議我辭去行政管理修女一職，接任健康服務資深主任。

新職務必須向修會領導人負責，並對委員會報告。顯然，資深主任必須和執行長密切配合。這個職位的主要責任包括：

一、面臨會嚴重影響聖母醫院之運作與未來的事務時，代表修會領導人及委員會。

二、在健康照護事務方面，擔任修會的領導角色；透過文獻研究，提供議題與趨勢資訊給修會議會、聖母健康醫療集團管理委員會、及執行長。

三、確認澳洲及昆士蘭健康趨勢和立法、及政府法規制定；

四、建議修會領導人和委員會新興的社會及倫理趨勢、以及政府和私人機構的健康照護發展。

我在一九八七年獲得任命，同一時間，派特．麥奎爾成為執行長。然而，我發現我的新角色飽受混淆和不確定之苦。那是個高階職務，但卻和執行長的角色與職務互相衝突。最重要的是，我希望聖母醫院史上第一位在俗執行長可以成功。聖母醫院已經脫離「家族事業」的運作模式，而且必須「看起來」已經脫離了。我的干涉可能會危害這種情況。

不過，有一個例子可以說明資深主任這個角色的優勢，而且我還和派特一起打頭陣。當時，聖母醫院遭受政府壓力，叫我們將兒童醫院遷移到QEII醫院的現址。身為健康服務資深主任，我可以擔任第一線的角色來處理這件事。如果我們不反抗，可能就會對今日的聖母醫院造成重大影響。

我和派特．麥奎爾愉快地密切共事將近二十年。在一九九三年，我們同時退休了。我以如釋重負的心情迎接退休生涯。我和妞拉獲准與家人共度假期，這真是全家人的喜悅。此外，我還有幸在聖地（the Holy Land）參加一項為期三個月的聖經學習計畫。

無論在管理方法或組織結構上投入再多的心力，也無法模糊一項事實：醫院需要的錢，永遠多過於任何政府願意或可以提供的金額。醫院專用的可用資金，在聖母醫院一直都是重要議題。發生緊急或重要需求時，聖母醫院和社會大眾都會幫忙。但是，有組織、有效率的募款活動也很必要。世界各地的醫院和各種醫學研究機構都有積極的募款計劃，因而募得的金額，是傳統遊樂會或摸彩遠遠比不上的。

承擔更大的挑戰

在一九九三年，就在我七十歲生日前不久，我接任了當時稱為聖母醫院信託機構的執行長一職。貝蒂・麥克拉斯（Betty McGrath）建議我接受這項新的挑戰。她和布萊恩（Brian）夫妻倆人這麼多年來，一直都是聖母醫院最忠實的好朋友，也是最慷慨的支持者。從一九〇六年創始之初，貝蒂就在聖母醫院信託（現為聖母醫院基金會的委員會服務。我很高興擔任這個職務，因為確保我可以留在我深愛的聖母醫院。畢竟我已經在主管職務有二十五年以上的經驗了，因此自以為非常勝任這項工作。但是，我太天真了。然而，我很快就發現募款機構提議的作法與醫院系統大不相同。與受過專業訓練的人一起參加募款會議，令我對這個恐怖的新世界大開眼界。當時實施的技法非常令人沮喪。幸好在我的繼任者耐吉・哈里斯（Nigel Harris）上任時已經不用了。

基本上，這些方法似乎有點殘酷無情。舉例來說，委員會聘用的募款顧問建議我們去追蹤任何曾經捐款給聖母醫院的人，並建議我們鼓勵捐款人未來將他們的貢獻加倍。這些方法讓我大為震驚，所以我另外找人，希望能符合聖母醫院的作風，用比較體貼的方式來募集資金。然而，我母親只要看到我在年度報告裡接受支票的照片，總是會責備我一頓，令我覺得雪上加霜。她說她希望我「永遠不要向別人要錢」。她的話一直在我耳邊迴響。我很擔心人們會因為義務感或純粹善心而掏出大把金錢。

聖母醫院信託機構於一九八九年由總督比爾・海頓先生舉行開幕儀式，他之前擔任聯邦健康部長時，我們早已熟識。那是快樂的一天，盛大的宣傳正合我們心意，為聖母婦產醫院新生中心揭幕。雖然我們在專業募款方面尚不熟稔，但還是設法為早產兒照護募得三百萬元。我們募得的每一塊錢都用來採購新部門需要的設備和器具。這個部門由建築師葛林・佛萊契（Glynne Fletcher）設計，前幾年的成人公立醫院也是他設計的。專門為兒童醫院之類的目的來募款，是不可能的事，但兒童醫院卻是亟需改善。前任州財政部長路・艾德華茲醫生是信託機構的第一任主席。

經過這麼多年，聖母醫院信託機構現已更名為聖母醫院基金會，非常幸運能吸引高素質、經驗豐富、思想創新的人來加入委員會。現任聖母醫院健康服務委員會主席約翰・麥克奧立夫教授在委員會服務多年。柏尼・

道森（Bernie Dawson）曾經是澳盛銀行昆士蘭分行經理，也接受信託機構主席一職，直到因病退休為止。下一任則是法蘭克．克萊爾（Frank Clair）律師，昆士蘭人都知道他是刑事司法委員會主席。

繼他之後是菲爾．漢尼斯（Phil Hennessy），他以智慧和慷慨來領導基金會。耐吉．哈里斯繼我之後在一九九七年三月三日擔任執行長。我知道他會非常成功，並很有道德地滿足那個職務應有的要求，所以那也是我這輩子最快樂的其中一天。

回想我在聖母醫院信託機構的日子，會讓我想起在資助各種疾病研究方面，捐款所扮演的重要角色。擔任行政管理修女多年累積的人脈和經驗，有助於我在信託機構的工作，也讓我可以為需要幫助的人發聲。我在一九八〇年代中期有機會接觸愛滋病患者，也許是最令人難忘的經驗。當時的政治氛圍清清楚楚地反對提供協助給那些病患。

確實，當時的昆士蘭州長喬．皮爾克．皮特森爵士（Sir Joh Bjelke-Peterson）發表的聲明不僅令我們慈善修女會擔心，也刺激我們採取行動。喬爵士似乎相信這種恐怖的疾病是天主給予的直接懲罰，而且愛滋病患應該被隔離。建議地點是莫頓灣的前傳染病院所在地皮爾島（Peel Island）。

昆士蘭愛滋病協會或其他機構都無法獲得現任昆士蘭國家黨政府的核准，因而無法成立設施來照顧愛滋病患。

在一九八五年，就在我加入聖母醫院信託機構前幾年，我直接遇到這種嚴重的新疾病所帶來的悲劇。聖母醫院有四名早產兒，因為輸血感染了愛滋病原。當時的聖母醫院新生兒科主任大衛．杜迪霍普教授正休假六個月去尼泊爾，結果在《加德滿都時報》（the Kathmandu Times）讀到這個悲劇。杜迪霍普醫生回到布里斯本後，發現四名嬰兒的輸血來源都是同一個人。同一份捐血被分裝在四個袋子供早產嬰兒使用，稱為「四重包」（quad packs）。聖母婦產醫院剛在一九八五年引進這種有效率的血液使用法；現在仍是如此使用。非常悲慘地，四名嬰兒都死了；若非受感染的血液作祟，其中兩名很可能撐得過早產的影響。

凱絲．柏克修女在《新英格蘭醫學期刊》（the New England Journal of Medicine）讀到一封讀者投書，文中有小兒科顧問約翰．歐達菲醫師（Dr John O'Duffy）對此案例的描述，她便提醒我注意此事。對於社會大眾對感染愛滋病的成人病患不寬容的態度，她也建議我們不能保持沉默或無動於衷。因此，在昆士蘭愛滋病協會的比爾．路特金（Bill Rutkin）表示歡迎我們協助之後，修女們和聖母醫院便涉入其中。該協會向我們保證，在他們努力獲得官方協助和大眾理解之際，我們願意幫助就是最重要的證明。該協會迫切需要援手，不僅來自於政府，也來自於醫療專業單位和一般大眾。當時，醫療單位選擇忽視這個議題，一般大眾則有不合理的恐懼，認為如握手般簡單的社交接觸也會感染愛滋病。這點不令人意外，因為言談中鮮少提及這個話題，公共教育也相當缺乏。

雖然我必須代表聖母醫院和慈善修女會發言回應這項危機，但我一開始也資訊不足。我踏入這個領域時，對於這個疾病是什麼、如何會或不會被傳染等，毫無所知。所以有賴比爾．路特金來開導我，而且他以最體貼的態度來做這件事。我仍然很感激這位溫和的男性，引導我度過與愛滋病患接觸的最初階段。因此，修女們在一份公開聲明中宣佈：

> 「我們希望以不具批判性、有同情心的態度支持那些需要的人。我們不會強制提供醫療服務，但我們要求能夠與愛滋病患並肩而行，當他們需要時，我們就在身邊。」

一旦昆士蘭愛滋病協會接受這項提議，我就有很多東西要學。由於缺乏這種疾病的知識，我感到相當不安。發病率如何？有哪些可用的治療？重要的是，我能做什麼來幫助他們？比爾·路特金告訴過我，因為愛滋病協會覺得孤立無援，所以曾經寫信給布里斯本的每個修會、每個教會，請求協助。當我聽到他收到的唯一回覆是來自於凱絲·柏克修女，我感到驚訝，隨後也非常高興。柏克修女告訴他，我當時人在國外，她會在我回國後盡快跟我說這封信的事。柏克修女言出必行。因此我們開始從事這項工作，對所有參與的人來說，這都是天主的恩寵。

接觸愛滋病患的震撼

愛滋病協會面臨的問題之一，就是昆士蘭政府不願意提供經濟資助來教育民眾、也不願意設法解決感染病毒者的健康醫療需求。聯邦政府每年撥出五萬元，並要求昆士蘭政府補助相同金額，再將這筆錢給愛滋病協會。昆士蘭政府不僅沒有提供相同的補助金，事實上，連原本的補助金都沒有給愛滋病協會。某日，比爾·路特金告訴我聯邦政府的高級官員要見我。因為我想坎培拉應該沒有人聽過我，所以猶豫不決。

儘管如此，我還是同意去跟政府官員見面。他們要求我代替愛滋病協會接受這筆補助款，然後用在他們的需求上。我感到片刻的恐懼，但同意將這件事提交委員會，因為成員有幾位成員是律師，包括主席凱文．克羅寧。經過審議後，他們的回答是：「我們瞭解這項要求的精神和必要性，所以，儘管去做吧。」接下來兩年，我收下這筆錢，再轉交給愛滋病協會。由於我對這筆錢的用途有責任，因此要求愛滋病協會在每年年底給我一份帳目，說明錢是如何花掉的。他們也照做了。我承擔著這份沉重的責任，直到一九八〇年代後期，昆士蘭政府因為新州長上任而改變態度。幸好，有麥克．愛亨（Mike Ahern）擔任州長、肯恩．唐諾（Ken Donald）擔任健康部副部長，情況會比較開明。

有一天，在我開始和愛滋病協會合作不久之後，比爾．路特金問我是否願意隨同一小群人去海格特丘（Highgate Hill）的一間公寓，有神父要在那裡為一位將死的愛滋病患做彌撒。我非常樂意。他是我第一個知道即將死於這種疾病的人，而且他削瘦的狀況令我吃驚。顯然，他活不了太久。

在擔任護士期間，我曾經站在床邊幫許多在聖母醫院過世的人祈禱，特別是在成人公立醫院。通常，床邊會有哀傷的親友：丈夫、妻子、兒子、女兒、兄弟、姐妹和其他人。在這位垂死的愛滋病患床邊大約有八、九個人，其中只有一個是親人，還是從別州來的。除了牧師和我之外，其他人都是愛滋病協會的成員、或是幫忙照顧他的義工。對我而言，那是特別的一群人，我不知道自己可以貢獻什麼。這個事件是我對愛滋病和愛滋病患者整體認知的轉捩點。確實，我在那個房間的那些時刻，才恍然大悟自己對那些被孤立的人不確定的態度。

隨著彌撒即將結束，我過去的護理經驗告訴我，床上那個人只剩下一口氣了。他極度憔悴、蒼白，全身冒冷汗，鼻子又白又瘦，呼吸也非常淺。這個男人的朋友一定也看到了，因為他突然悲從中來，撲倒在床上。我永遠也忘不了他們的臉：兩個需要體貼和同情的悲傷的人類，受到耶穌垂憐，就跟我和其他人一樣受祂垂憐。我出於本能地伸出手，環抱著垂死之人，將他抱起來。在那個時刻，我確定所有修女和我都會盡己所能來幫助愛滋病的受難者。

也許我曾經對應否涉入其中而有所保留，但現在都消失了，而且我清楚明白，為何耶穌本身總是與那些弱勢或受苦的人在一起。對於這些人和他們的病痛，我還有很多東西要學，但從那一刻起，我毫無畏懼地支持他們，因為我瞭解一切都是愛。我當時知道，現在仍然知道，那場彌撒給我一項我最需要的恩寵，而且我本能地知道我的角色是什麼。我愛這些被孤立的人，他們的溫和、他們一貫的謙恭和體貼。他們變成我的朋友，而且這段友誼和我的參與持續許多年，直到他們能夠依靠自己的資源為止，但這件事要等到社會大眾比較瞭解他們的需求，才能達成。對這群需要醫療照護的人而言，那真是段黑暗時期。但是讓社會大眾瞭解他們的狀況才是他們最需要的。即使在愛滋病出現之前，如果他們想要維持職場和社會上的地位，許多人都必須「躲在地下」。現在，他們的孤立感會更加強烈。

儘管如此，事情並非一帆風順。我記得有一次，有個男同性戀組織邀請我去晚宴上演講。地點是在佛特谷（Fortitude Valley），一個當時不適合修女在晚上出現的地方。當我把地點告訴計程車司機時，他很懷疑地看著我說：「你確定你要去『那裡』嗎？」我把邀請卡給他看，他只是搖搖頭說：「那好吧！」這句話一點都不能讓我放心。

當我抵達時，我發現至少有一百個男人在等著我。他們大部分是商務人士，而當我注意到流動麥克風時，心情更加忐忑。我不知道該跟這些人說什麼，心裡也想他們可能會認為今天晚上根本就是浪費時間。晚餐開始之前，在場的每一位男士一一地道出姓名和職業。這個信賴的舉動讓我覺得非常謙卑，所以我將目光朝下，不敢直視任何人，雖然我認識其中一些人。輪到我演講的時候，我的焦慮程度已經上升了。我講了很多關於聖母醫院的事、我們服務的範圍、並概略描述我們希望無論何處都可以提供協助。接下來，流動麥克風上場了，我也擔心該怎麼回答他們的問題。

有個問題深深印在我的腦海中：「修女，謝謝妳用最和善的口氣來描述我們。但是，你個人對同性戀有什麼看法呢？」我知道這是當晚的關鍵問題，所以我迅速地祈求天主指引。然後，我說：「我並不討厭同性戀，因為沒有人確實知道源於何處。但是，我也不縱容同性戀的行為。」我覺得全身虛脫。我幾乎跌坐在椅子上，相信這個回答會永遠切斷我們之間的關聯，而他們再也不會接受我的幫助。然而，我知道我沒有其他答案。晚宴結束時，提問的那位男士提議向我致謝。他的話言猶在耳：「以前從來沒有人以關愛和憐憫、以這種真誠和真相跟我們說話。」我看到他眼中的淚光。

幾個星期後，我收到當天在場的一位男士手寫的信。我還保留了那封信，因為雖然我對這項工作知之甚少，但這封信給了我繼續下去的動力。信中寫道：「這是位什麼樣的女性？她的聲音中展現著威嚴，但語氣卻又如此慈愛。霎時，一切都清楚了。我感到如此驕傲、做為天主教徒的驕傲。身為同性戀者，同時又要抬頭挺胸，並不是件容易的事。你給我們高尚的感覺，最重要的是，你把我們的自尊還給我們了。」

這封真誠的信比任何事情都更讓我相信，雖然我必須一直謹言慎行，還要不斷學習如何不侵擾或不帶批判性地幫助他們，但我還是應該繼續幫助這些人。另一封信的作者則非常有哲理，知道他們必須在真空中掙扎求生：「我們只能期盼目前面臨的愛滋病狀況，將不會持續太多年。無論現在或未來，我們必須抬頭挺胸來面對。愛、關懷、支持和信念就是我們的武器，讓我們可以繼續奮鬥下去。」

喬．克克瑪克醫師（Dr Joe McCormack）是都柏林的傳染病專家，也是第一位在聖母醫院負責照護愛滋病患的醫生。就在我們聘請喬到聖母醫院任職之後，我剛好在都柏林，因此有機會在薛本飯店（the Shelbourne Hctel）與他和他夫人長談，也讓他對於即將任職的醫院也有所認識。他是位討人喜愛的男士，也是非常體貼的醫生。喬．克克瑪克會在綜合醫院門診幫愛滋病患看病，因此其他病人不會知道坐在旁邊的那些人可能是愛滋病患。對其他病人而言，那些愛滋病患只是眾多病人的一部分。經過安排，我利用聯邦政府愛滋病補助金來支付喬．克克瑪克醫生和他祕書的部分薪水，這個做法持續了二十多年，對相關人士也非常方便。他說這是「典型的雙贏策略」。有些澳洲醫院收到照護愛滋病患的補助金，但卻將之侵吞合併到收入中，並未直接運用在愛滋病照護的第一線。

我們開始著手盡量提供幫助。很快地，我們發現許多愛滋病患都是遊民。在當時，除非我們擁有必要的土地，否則不用期望政府會對聖母醫院的任何重大發展提供資助。因此，如果附近的房屋要出售，我們就會買下來以備未來之用，所以我們總有一、兩間房子出租。多年來，我們提供了兩間房子和辦公空間給昆士蘭愛滋病協會使用。

他們沒有付房租，只用聯邦政府提供的資金來支付水、電、電話費。有一次，他們打電話告訴我昆士蘭政府在徹曼賽德（Chermside）有一幢沒有使用的空屋，他們可以用來照顧生病和無家可歸的患者。他們問我可否去找洛斯．辛茲（Russ Hinze）——大家都叫他「萬能部長」，詢問他們是否可以暫時使用那間屋子。我打電話去他辦公室，他的祕書馬上幫我接通。我跟他解釋整個狀況，他仔細聽著，並說之後再通知我。他果真一言九鼎，愛滋病協會在兩週內就拿到那間屋子了。對於洛斯．辛茲慷慨的回應，我永遠感激。

瑪莉．朵洛西雅修女（Sister Mary Dorothea）變成那些男士的朋友、輔導員和教牧關懷者，並幫助他們在臨終前達成所願。無論什麼要求，只要他們來找我們，我們都會回應。這是一種自在又有效的關係，也獲得委員會的全力支持。不過，我確實收過一封信指稱我是聖母醫院之恥，還說我應該公開譴責那些人，而不是幫助他們。那是當時的氣氛。

推動愛滋病研究

我們對這種疾病對個人和社會的衝擊所知甚少，因此在一九八七年，我們和昆士蘭健康部官員接洽，希望獲准進行一項評估研究來了解愛滋病患、照護者、和相關社區組織的需求。因為譴責的氣氛已經開始改變，所以昆士蘭政府和聯邦政府也聯合資助這項研究。從這時開始，澳洲對愛滋病的社會影響進行第一次廣泛的調查。這項研究也用來預測全國未來五年的需求。

我要學習的東西還很多，也很幸運有機會去美國參加許多愛滋病會議。我很高興發現當地的天主教會積極提供染有此病的人實際的協助，就和澳洲的聖母醫院和雪梨聖文生醫院（St Vincent's Hospital）一樣。在舊金山，我認識了一位即將死於愛滋病的吉姆．史塔茲（Jim Stulz）。吉姆告訴我，當愛滋病患收到無條件的關愛和支持時，內心會強烈感受到天主存在於他們的生命中。他很坦率，而我也清楚地記得他的話：

「既然愛滋病仍然無藥可醫，染病者都知道必須承受痛苦、折磨和死亡，非常具有毀滅性。但是，他們可以用福音的角度來看待這些感受，想到耶穌在橄欖園承受的苦難，他在那裡預見了自己的折磨和死亡。就人的角度來看，他提早死亡了。跟祂一樣，他們也被剝奪了活到老年的權利。」

我們認識後不久，吉姆就死了。

在那些時候，我學習活在模棱兩可的狀況中，設法忠於我自己的價值觀，同時也試著在擁有不一樣、甚至矛盾的價值觀的環境中工作。我受邀去許多學校和社區團體演講。我有一個痛苦的記憶。當時我到另一個城市對一個龐大的社區團體演講，當地媒體也在現場。兩名媒體記者在演講後來訪問我，我表示不要有批判的態度是當時最重要的需求。此時，其中一位記者的眼淚奪眶而出。他的同伴輕聲地說，那名記者的兄弟最近因為攜帶毒品而在新加坡被處決了。認識這麼多悲傷的人讓我擁有許多類似的珍貴記憶。

終於，昆士蘭愛滋病協會獲得比較多的社會理解和支持，來自昆士蘭政府和聯邦政府的補助也增加了，該協會於是變成一股強大的公眾力量，讓社會認可他們的目標。此時，我們就可以退居幕後。我回顧那幾年，對那些重病者帶有深深的關懷和崇高的敬意，雖然他們在當時無法獲得同情，但卻不會憤世嫉俗地過日子。我有幸能參與其中。我感受得到他們的愛與善良的天性。他們觸動我的靈魂，而記憶中的友誼仍然可以照亮我的生命。

妞拉退休後，也開始從事直接的牧靈工作。音樂教學嚴重損及她的健康，她瞭解自己只能不情不願地放棄這項工作。她的下一份職業源自於一位老先生說的話。老先生從西區一間貧窮的公寓火災中劫後餘生，但他很難過地表示「沒有人過問我在火災後要怎麼生活」。這句話讓妞拉相信那就是她的新使命。因此，她開始了十三年奔波探訪的神職工作，足跡遍及達頓公園、西區、海格特丘、和南布里斯本去探望她關愛的貧病人士。這些行程也讓她變成巴士達人，無論是公車號碼、路線和時刻表，她都瞭若指掌。

她探訪的人變成她的朋友，她也盡可能幫助他們，例如把睡衣帶回家修補、帶食物給他們、在有迫切需要時幫他們尋找暖和的衣物、代表他們和失聯已久的親友連絡、在他們過世時去參加喪禮、記得他們的生日等等。她幫一位老人家過生日，他激動地含著淚說：「這是我這輩子收到的第一張生日卡！」

妞拉去探訪了許多臥病在家的人，有些人非常有趣。其中一位是泰德．歐哥曼（Ted O'Gorman）。他非常小的時候住過布里斯本灣邊郊區納吉的慈善修女會聖文生孤兒院（St Vincent's Orphanage）。他的兄姐也住在那裡。終於，住在鄉下的父親能夠把孩子接去同住了。修女們便安排他們搭火車，準備踏上一段最刺激的旅程。一切都很順利，直到火車開始加速，兩邊的房子和樹木飛奔而過。泰德跟妞拉說他們簡直嚇壞了。他們放聲尖叫，然後火車上的其他乘客向他們保證會奔馳而過的是火車，不是樹木和房子。泰德和他的兄姊待在孤兒院期間，根本沒有離開的理由。修女教導孩子的教室就在院內。至於醫療照護，醫生和牙醫會定期來訪。雖然年事已高，但泰德還清楚記得醫護室裡那張恐怖的大牙醫椅。

約翰．蓋勒格（John Gallagher）是位來自於愛爾蘭多尼哥（Donegal）的長者，也是妞拉的朋友中非常特別的一位。約翰沒有親人住在布里斯本，當他行動受限，只能待在寄宿公寓時，妞拉就成了他的朋友和幫手，她對許多人也是如此。她經常探訪他，偶爾也看到他生活的情況多麼惡劣。因此，妞拉設法讓他入住伯羅尼亞高地療養院（Boronia Heights Nursing Home）。那裡是由華籍修女經營的，約翰也很喜歡。有位特殊的訪客照亮他的生命。那是知名的愛爾蘭歌手丹尼爾．歐唐納（Daniel O'Donnell），因為他跟約翰來自於多尼哥同一個地區。每次丹尼爾造訪布里斯本時，都會帶著他的最新專輯來探視約翰。

約翰死後葬在格拉瓦山墓園。有一次，我和妞拉回到愛爾蘭，我弟弟吉姆帶我們去多尼哥一遊。我們也造訪了金格斯雷（Kingcasslagh），那裡是約翰的家鄉，丹尼爾．歐唐納也住在那裡。妞拉知道約翰有個妹妹住在那個地區，所以我們在歐唐納家問了一位女士，是否知道約翰的妹妹住在何處。我們遇到的那位女士恰巧是丹尼爾的妹妹凱斯琳（Kathleen）。她馬上很有興趣地說：「上車吧！我載你們去找她。」

車子開了一小段距離就停下來，然後我們看到一間美不勝收的鄉間小屋。我們進到屋子裡，凱斯琳大聲說「這是來自布里斯本的妞拉修女」。屋內的女士臉色亮了起來。她伸手從櫃子上拿下來一樣東西，結果是葬儀社的簽到簿，上面列出了所有參加約翰喪禮的人名。令我們驚訝的是，不僅有我們的簽名，還有我們兩人站在墳邊的照片。我們根本不知道被拍了照片。照片是約翰的朋友拍的，再寄回家給他妹妹。當時在那間廚房的所有人都覺得那是非常感動的時刻。妞拉說了很多約翰晚年的事情。吉姆覺得非常滿意他帶我們來多尼哥。

我們搬到上格拉瓦山之後，妞拉開始教亞洲移民說英文。她一輩子都在付出。而我，要不是她用那些營養又美味的食物細心照顧我，也許我今天就不在這裡了！

遠見

透過與人接觸來豐富生活，是我這輩子享有的重大特權之一。在擔任行政管理修女二十一年期間，我遇過各式各樣的人：勇氣和幽默感令我自嘆弗如的病人；心力和能力的奉獻使我驚嘆的員工；有時讓我擔心受挫的政客，但有時他們的關注和理解又讓我高興。認識加爾各答的德蕾莎修女（Mcther Teresa of Calcutta）是最精采的經驗之一。

歷經長期努力，成人公立醫院終於取得資金得以興建，一九八一年的開幕儀式可謂是聖母醫院歷史上的一刻。我有一種毫無根據、但又奇怪的不詳預感，覺得我們可能過度信賴這些設施，而忘了每個人都有義務提供病患個人化的、關愛的、專業的照護。我希望我們追隨基督的使命，可以無視於建築物的狀況而影響我們所做的每件事。這是我們一貫的歷史，也是德蕾莎修女帶給世人的訊息核心。

我聽說德蕾莎修女在愛麗絲泉（Alice Springs），便跟當地的修女連絡，設法邀請她來布里斯本對我們演講構成基督健康照護的要素。她搭乘安捷航空前來。當我們去布里斯本機場接她時，她拿著一個有提把的舊塑膠冰淇淋盒子，裡面裝滿了空服員和乘客在飛機上給她的捐款。她把盒子交給我，最後聖母醫院終將實際金額換成支票給她，用於加爾各答的各項工作。我還保留著那個冰淇淋盒子呢！

德蕾莎修女的行李是個硬紙箱，用磨損不堪的繩子綁著。裡面裝了德蕾莎修女和她的陪護維多利亞修女（Sister Victoria）的個人用品。維多利亞修女不斷地威脅警告我，說我「安排太多活動，讓德蕾莎修女太累了」，但是德蕾莎修女個人則不太在乎。我注意到德蕾莎修女非常在意她那件灰色的舊毛衣外套。有一次，因為某個善心人士幫她將毛衣收起來，一時間找不到。她說那是她唯一的毛衣外套，來去各個氣候不同的地區都得靠它呢！

在聖母醫院停留期間，德蕾莎修女參觀了我們的新生兒科，並表示比起參與公開場合或在公開場合講話，我們可以藉由這些設備培育更多的生命。她相信也許我們一輩子只能在必要時給予實際的小「幫助」，但我們要像幫助耶穌一樣幫助他人。

我們歡迎所有想見德蕾莎修女的人，所以當她在新醫院的入口對我們演講時，整個場地擠滿了人，各種年齡、國籍、宗教信仰和職業都有。她公開稱讚聖母醫院的員工所提供的照護，並且提醒我們必須好好照顧每個病人，就像在照顧耶穌一般。在她抵達前幾天，我接到英國國教布里斯本大主教格林特洛大主教（Archbishop Grindrod）的電話，問他可不可以參加。我看到他在人群中，遠遠地站在後面，並未到前面來，真是謙遜。我帶他來見德蕾莎修女，她也一直握著他的手跟他談話。

當天晚上，我們預定了布里斯本市政府舉辦公開會面。市政府裡人潮爆滿，好幾百人只能在喬治國王廣場上推擠，希望搶得一席之地。維多利亞修女告訴我，對人群介紹德蕾莎修女時，不要替她募款。我謹遵叮嚀，也沒有準備捐款箱。但是，民眾卻因此指責我，並且把要給她的捐款塞在我的口袋裡，所以我離開時變成大富翁了！德蕾莎修女跟慈善修女會的修女一起住在巴頓的修道院，由凱絲．柏克修女照顧她。能夠載著她前往各地、聽她談論生命和工作中重要的事情，真是我的一大光榮。

幽默也是她面對生活的方式。她顯然知道如何應付媒體。有一次，她講到夫妻相處之道。她建議男性要多對妻子微笑、女性也要多對丈夫微笑。會議之後，記者問她何以認為可以對已婚人士提供建議，問她是否結婚了。她回答：「是的，我結婚了，而且我覺得有時很難對耶穌微笑。祂有時候要求太多了。」德蕾莎修女回到加爾各答後，寫了兩封信給我，我非常珍惜。

教宗若望保祿二世是另一位全世界都敬佩的人物，受到各個文化的人所景仰。在一九八一年，我在底特律市郊外法明頓丘的慈善修女會健康服務法人待了三個月。然後，我經過羅馬回澳洲，並在羅馬參加了一項國際委員會會議，考慮設立一個國際天主教健康照護協會。當時，我有一個特別且難忘的機會，參加一場由教宗若望保祿二世在他的私人小教堂主持的彌撒。現場大約還有十六名來自各國的幸運者。因為教宗已經在小教堂裡祈禱了，所以我們被要求悄悄地走進去，不要打擾到教皇陛下。我在門口經過兩名瑞士衛隊，走上一道長階，被護送到教宗的小教堂。然後，我在聖壇前跪了下來。

彌撒結束後，我們被帶到一個大房間。我們站著等了幾分鐘，就看到教宗走進來，還有梵蒂岡的官員和一位攝影師。我們對他望而生敬，但他一一走到我們面前，散發出的溫暖使我們感到平靜。他直視著我們，握著我們的手，同時將裝在小袋子裡的念珠發給每個人。我很珍惜這些念珠，有時候看著當時拍的照片，才相信自己真的見過這位聖潔的人。我非常清楚全世界的年輕人為何如此敬愛他，而且還有數千人在他垂危之際蜂湧至羅馬，並在聖彼得廣場上守夜。

教會源遠流長的歷史上，不同的教宗來來去去。對於虔誠的天主教徒而言，有些教宗容易親近，有些則否。這麼多世紀來，教會已經改變、進化了，而我們修會中人的生活也隨之改變。多數人看到穿著特殊服裝的修女，都非常有禮貌，也很恭敬。當我和妞拉剛剛成為慈善修女會的修女時，雖然我們很愛我們的俗名，也很愛幫我們取名字的父母，但是對於採用教名、還有穿上慈善修女會的長袍一事，我們心中沒有絲毫的疑慮。儘管如此，事情真的有些許改變。在一九六三至一九六五年之間，梵蒂岡第二次大公會議決議的議題，會在很多方面影響天主教。其中一份文件的標題是《修會生活革新法令》，明確指出神父、修女和修士的生活都會受到衝擊。這份文件在開始的部份詳細說明了修會生活的本質：

修會生活的基本準則是按照福音追隨基督，所有團體應將之視為最高原則……團體應促進成員對當代人類狀況及教會需求的適當認知……因為如果成員能夠根據信仰，將使徒般燃燒的熱忱和明智的判斷結合，用於關注現代世界的狀況，就能夠更有效率地幫助人類。

文件中還說：

對於以效仿基督、和透過福音勸諭的實踐聯合天主來信奉修會生活之人，既然修會生活高於一切，務必誠實面對事實：即使為了當代需求所做的最必要改變，若無精神革新賜與生命，這些改變也無法達到目的。

除了這些核心聲明之外，《修會生活革新法令》也提出一些實際的建議。其中一項是修女可以恢復使用洗禮名，而非進入修道院所取的教名。妞拉將她的名字從瑪莉．卡玫琳娜修女（Sister Mary Carmelina）改回來。主要是因為她住在萬聖院時，當時至少還有兩個修女的名字類似卡玫。有電話找「卡玫」時，經常發生混亂狀況，來接電話的通常不是對方要找的那個！因此，她很輕易就決定改回自己喜歡、家人也這麼稱呼她的名字。

至於我，還有其他的考量。當時，我和政府之間的關係還不穩定。如果再加上改名的問題，情況會更複雜，所以似乎不太明智。反正，我的名字不會和其他人混淆，而且我母親也喜歡，這才是重點。

梵蒂岡大公會議的另一項建議直接和修女有關，因為問題就是傳統的宗教服裝，或稱為長袍。文件上寫著：

既然長袍是神職生活的象徵，就應該簡單樸素，同時還要粗劣合身。長袍應符合健康要求，而且應符合時間和地點狀況，也應符合穿著人士的狀況。

身為女性，這項聲明跟我們所有人的權益有關。笨重的嗶嘰尼長袍不再是強制衣物，頭紗也可以拿掉。我們也可以穿著比較適合昆士蘭天氣的衣服。最後，大部分修女都改變了，而且她們也很享受這項改變所帶來的自由。我和妞拉慎重思考後，決定維持深藍和白色的穿著，也保留早已習慣的深藍色頭紗，做為我們的身分象徵。

這項決定讓我的生活比較簡單，因為受我們感召的人絕不會懷疑我們修女的身分。當我開始與愛滋病患接觸後，這身明顯的宗教服飾不僅不是阻礙，還讓我能單獨前往其他女性不願駐足的地方。我總是十分安全自在，也很受歡迎。另一項特殊的優點就是不用煩惱衣櫥裡的衣服不夠多。因為每件衣服都一樣，所以為宴會打扮根本一點都不複雜！

不過，也曾經發生過有趣的事情。有一次，我和妞拉要去布里斯本的表演藝術中心看表演。我們上了計程車後，請司機載我們到音樂廳。他很高興地看著我們，然後說：「喔，你們是《真善美》的演員！」當晚《真善美》恰巧也在那裡演出，計程車司機還以為他載到名人了。其實，我們是去看另一場表演的。當時，如果想到我會登臺演出，一定很幽默吧。沒想到，事情真的發生了！

我在聖母醫院期間，經常在公開場合露面。其中一次的經驗非常特別。事情發生在二〇〇二年布里斯本嘉年華會演出期間，導演是傳奇的東尼・古德（Tony Gould）。那是在表演藝術中心的克里蒙劇場，眼前大約有三百名觀眾。我根本不在意場地和觀眾人數——我在更多人面前演講過。讓我擔心的是表演本身。英國的「不可能劇團」（Improbable

Theatre）首次將《生命遊戲》（Lifegame）搬上澳洲舞臺，而東尼要我軋一角。最後，當我知道要做什麼時，不禁懷疑自己神智不清，否則怎麼會答應。

這項表演形式的本質，就是邀請一位不可能劇團的成員完全陌生的受訪者上臺。我一走上克里蒙的舞臺，就面對一群演員，站在同一邊。訪問者坐在另一邊，他介紹自己是李・辛普森（Lee Simpson）。他請我坐在他旁邊。我事前準備了一些問題，還把它們寫在手卡上。我傻傻地認為這些話題可以在訪問的過程中，刺激我的記憶。但是，我根本沒有機會瞄到。相反地，在溫和、有技巧、有洞察力的訊問下，我被帶著敍述我的人生故事，回到生命中形成現在的我的重要時刻、回到記憶深處已經淡忘的時刻。

當我敍述一個事件或經歷時，訪問者會碰碰我的手，我們就暫停。然後，我們轉過頭去看表演者，他們會將訊息轉變為活動劇場。舉例來說，當我被問到要永遠離開家園時有多難過，我就說了因為不想再次道別，所以躲在窗戶後面看著父母駕馬車經過的故事。我說：「到死我都會記得那達達的馬蹄聲。」我停下來，不知道為什麼劇場裡突然很詭異地安靜。

接著，我轉頭看到一位演員跪下來飾演那匹馬，還用拳頭連續在地板上敲擊。甚至連我也感動了，因為看著眼前戲劇性的演出，那些塵封已久、令人沉痛的記憶再度浮現。

最困難的時候，就是我提到在聖母醫院當行政管理修女，根本就不是我的選擇。因為我缺乏經驗，所以我反對這個意見，並且抗議這項任命。但是我的抗議徒勞無功，而且我認為這是有些過份的天主旨意。訪問員讓我停下來，叫我扮演天主的角色，其中一位演員則扮演我年輕修女的角色。我們兩人重現多年前的那一幕，當時這些加諸於我的不合理要求，令我非常掙扎。這是一段痛苦的經驗，因為我在最生動的方式下，被送回了那個時候，雖然不情願，但我也沒有怨懟地接下職務。非常奇怪地，扮演我的演員「變成」了安琪拉．瑪莉修女。我催促她接受這項要求，並且尊重這件事情背後的智慧和動機。

《郵報》（Courier-Mail）的記者詹姆士．哈伯（James Harper）寫了一篇有關當晚的評論，他以優美的文字表達了我最深的感情：「當時，演員和來賓之間的分野變得模糊，而《生命遊戲》進入了非常奇怪而又美好的劇場境界。」我還讀到他認為那是他看過最令人感動的劇作，真是令我驚訝又汗顏。

我經常猜想當《生命遊戲》的演員看到上臺的是穿著宗教服飾的修女，而不是什麼知名人物時，他們當下的反應是什麼。我也想到自己毫無準備就貿然上臺，不禁大為讚嘆《生命遊戲》的成員，特別是連我生命中的小細節，他們也演繹和重現得如此細緻、自然和真實。中場有半小時的休息時間，我在後臺首次見到整組演員。但是，我還是嚴格遵守規定，沒有透露我的任何事情。

重新回到臺上後，我被問到當護士的歲月。我談到在手術室六年的快樂時光。我被教導將病患置於一切考量之上，還有無與倫比的葛楚德．瑪莉修女告訴我們如何在辛勞一天之後放鬆。我們一邊刷洗手術室，一邊聽著她那臺小留聲機上的七十八轉唱片流洩出來的愛爾蘭音樂。我甚至還打起精神來跳一段吉格舞或里爾舞。有位演員是會跳舞的愛爾蘭女孩，她的愛爾蘭踢踏舞讓我們非常高興。

我被問到耶穌對我的意義。我說祂是我的兄弟、我的朋友，永遠在我身邊陪伴我。我還說當我開車去聖母醫院時，常常會把手放在副駕駛座上，然後說：「我知道祢在那裡。」之後，其中一位演員就演出來了。最後，我被問到一個意外的問題：「你希望怎麼死？」當然，我知道有一天我會死。但是，我在這裡被問到現在就要面對死亡的狀況。我看著李溫和的臉龐，劇場裡一片死寂。我們兩人都知道那是神聖的一刻。從我的信仰深處，我慢慢地道出回答：

「我希望妞拉在場。我相信耶穌會等著我。我一直很喜歡約翰福音二十一章的故事。在耶穌復活後，信徒都不太相信耶穌可以死而復生。其中有一群人，包括不認主的彼得、還有在耶穌需要時遺棄祂的人，決定晚上去抓魚，但什麼都沒抓到。到了早上，他們正準備上岸時，一個人站在岸邊對他們大喊，詢問他們是否有收穫。他們告訴祂什麼都沒抓到，祂便建議他們將漁網向右拋。他們照做，而且馬上就有收穫了。上岸後，他們發現岸邊某處有一堆升好的火，有魚在火紅的木炭上烤著，還有麵包可以吃。我和妞拉在一九九四年去耶路撒冷進行聖經形成研究時，曾經去過那個地方。那位陌生人請他們拿一些剛抓到的魚過來，然後他們一起在美麗的加利利湖岸邊共進早餐。那是耶穌。雖然信徒知道是祂，但沒有人開口問。雖然他們遺棄祂，讓

祂孤單又害怕地面對恐怖的死亡，但祂沒有說一句批評或責難的話。之後，祂只是問彼得是否愛祂。」

我在這裡停下來，而李也知道這已經耗盡了我的心力，於是等我慢慢恢復。我補充說當我們死亡時，事情就會是如此，不只是我，所有人皆然。耶穌會在那裡熱誠地迎接，不期望我們帶給祂很多，只會拿取我們可以給予的些微東西，而且如果沒有祂的幫助，我們什麼都沒有。祂曾經說過生命中的兩件大事就是愛天主和愛我們的鄰居。祂會跟我們說這些，就像祂對彼得說的一樣。

我說完後，一位演員表演生火，還轉過來對我說那條魚是尖吻鱸！他的結語是陪我開車上班的乘客生活會比較輕鬆，因為祂的工作已經完成了。整個劇場鴉雀無聲。

那一晚的記憶會在我腦海中盤旋許久。那是美好、特殊、神祕、靈性的經驗。和這群有天份、心思細膩的演員分別時，我們一起拍了合照。我非常珍惜那張照片，也很感謝東尼・古德冒險讓我擔任英國「不可能劇團」的《生命遊戲》在二〇〇二年布里斯本嘉年華會的第一位來賓。

我的澳洲同胞

我發現我經常將布里斯本的生活，拿來跟我想像中的愛爾蘭生活做比較，但這種比較對我絲毫不會造成困擾。因為英文是我的母語，所以我沒有經歷歐洲或亞洲人初到澳洲所面臨的困難。儘管如此，要在一個新國家安頓下來、產生有家的感覺，還是出現了令我難以界定的問題，而且我花在應付那些問題的時間，比我預計的還要多年。離開故土前往另一個國度的人必定有這些經驗，特別像愛爾蘭和澳洲相距如此遙遠，能夠再見到家人的機會少之又少。

我剛到聖母修道院時，聽到修女們談論一些完全陌生的話題。我必須學著瞭解她們的用語和澳洲式幽默。我必須觀察修女們的反應，而不是預測她們的反應，以免我做出錯誤的詮釋。對待病患時，我也帶著這種不安的感覺。對於我不熟悉的事情，我通常都只聽不說，小心翼翼。我擔心一知半解的言語可能會冒犯別人。

此外，我決心不在家書中報憂，以免家人擔心我在聖母醫院過得如何。他們可能會解釋為我離家的決定是個錯誤。事實是，我真的經常覺得自己可貢獻的很少，也懷疑自己為什麼會跨這麼一大步，永遠離開家人、家庭和祖國。我渴望安全、渴望家族文化、渴望家庭生活的溫暖——這些都是我永遠沒有機會知道的。在一九九七年，我在郵報上看到一篇名為〈遠方的聲音〉（Distant Voices）的文章，作者是受人尊敬的醫藥專題作家菲爾・漢蒙（Phil Hammond）。最後一段寫著：

> **那叫做思鄉情懷。我敢說任何移民，無論他們多麼融入當澳洲人的生活、無論已經離開家鄉多久，沒有人不會偶爾感到這種刺痛。**

菲爾來自英格蘭，他的想法我也深有共鳴。我還留著那份剪報。

我剛到布里斯本那幾年，有很多時間仔細思考兩個國家之間的不同：天氣就是很好的例子。我和妞拉都很想念四季，特別是春天，當大自然從漫長陰暗的冬天中恢復生氣。小枝枒會從光裸的樹枝上冒出來，然後突然綻放，直到整棵樹長滿綠葉，鳥兒開始築巢。那時候，每個人都神清氣爽，也可以開始播種小麥、燕麥、大麥、馬鈴薯、和其他植物，滿心期望著夏天會有好天氣，帶來豐收。最棒的是，我們小孩子可以脱掉鞋子，赤腳沿著泥巴路走到學校，下雨時盡情狂歡，還可以在腳趾間玩弄柔軟的爛泥巴。

整個夏天和秋天，農夫開始收成農作物。整個鄉間充滿生氣；空氣中也充滿了興奮感。春天播種、夏天耕耘、秋天收割。那是收穫的季節，大家看到自己春天辛苦的果實，真是歡樂的時光。學校也放暑假了，除了年紀最小的之外，所有孩子都被召來做重要的事。包括儲存乾草，看著乾草安全地運到屋子旁穀倉裡，準備冬天用來餵牛，因為牛隻必須關在牛舍裡，等到回春才能再放出來。冬天可能會又冷、又濕、風又大，但屋子裡總是既安全又溫軟。來到澳洲五十年之後，我和妞拉很幸運能回家過聖誕節。在聖誕節前幾天，我們親眼看到都柏林是怎麼慶祝聖誕節的。我們跟吉姆和瑪俐沿著歐康諾街（O'Connell Street），越過歐康諾大橋（O'Connell Bridge），再走到葛萊福頓街（Grafton Street），整個城市閃亮著聖誕燈、聖誕裝飾和各種聖誕節的景象。在澳洲待了這麼多年後，這是我們第一次在都柏林過聖誕節，而眼前的一切，讓我們為之著迷。然後，聖誕節前兩天，我們來到克萊爾郡的烏娜家，再次體驗童年時的聖誕節。一項驚喜正等著我們。它無聲無息地在夜間降臨，當我、烏娜和妞拉在聖誕節早上拉開窗簾時，它就在那裡：我們入睡前還是綠色的草地，已經披上了一層白雪。我們應該想得到的。聖誕夜下著傾盆大雨，還夾雜著雨雪和冰雹，在午夜彌撒時，不斷地敲打在教堂的窗戶上。

再度用愛爾蘭語和英語聽著、唱著大家熟悉的聖誕歌曲，而且是在我們從小跟著父母、兄弟姐妹一起去的教堂，讓我們在精神上和情感上都非常興奮。烏娜帶領著唱詩班，我們也全心跟唱。教堂裡還有小孩子耍性子的聲音，因為聖誕老人的來臨讓他們坐立難安，所有聲音都混在一起，但沒有人抱怨。彌撒結束後，唱詩班不管外面的風雨和雨雪，立刻往外衝到大馬路上唱聖誕頌歌。這種看似瘋狂的舉動，是為了募款興建一道牆、和一條從教堂直達附近墓地的小路。我們站在那裡，頭上只有兩把遮不住的大傘，手裡提的防風燈照亮了我們的臉龐，盡力讓我們的聲音蓋過吵雜的風雨聲。只有幾分鐘，人們就掏空口袋和皮包，我們總共募到了一百四十英鎊。這是因為我們渾身溼透、或者人們察覺我們歌聲中的忠誠呢？我們不知道，也沒有問。我們只知道急需一筆錢來完成那道牆。這種壞天氣並非愛爾蘭聖誕節的典型氣候。通常，天氣又冷又乾。

小時候，我們都是搭馬車去參加子夜彌撒，馬車頭兩旁掛著防風燈來照亮我們的道路。這段兩英里的旅程相當神奇，晴朗的夜空中高掛著閃亮的星辰，我們經過的每扇窗戶也閃爍著燭光。回到家後，我們馬上精力充沛地找出合適的襪子掛在壁爐上。聖誕老人總是有辦法給我們九個孩子禮物。現在，特別是愛爾蘭鄉間，大多數家庭仍在窗邊點燃蠟燭，就像我們小時候一樣。不過，現代蠟燭都是電動的，但是會閃爍，才可以仿照以前的蠟燭。當地種植的冬青長滿了紅漿果，仍然用來裝飾窗戶和照片。小時候載我們的馬兒和馬車現在已經被汽車取代了，這種交通方式比較溫暖，也舒適多了。

故鄉的聖誕節

一九九七年在愛爾蘭家鄉過聖誕節的時候，還有一件令人興奮的事。那是在「節禮日」（Boxing Day），我們稱為「聖斯德望節」（St. Stephen's Day）。一群一群被稱為「報喜鳥」（wren lads）的音樂家維持著數百年來的傳統來報佳音（譯註：「報喜鳥」一詞為譯者自譯。wren 一字原意為一種形小，淺褐色的鳥類「鷦鷯」，故採用此譯。）。當地一些有抱負的音樂家和音樂老手帶著小提琴、長笛、六角手風琴、小哨子和手鼓，沿路鄉間道路到每一家演奏愛爾蘭音樂。遠遠地聽到這種激情、令人難忘的美妙音樂，就足以讓人熱血沸騰。他們漸行漸近，直到進到我們屋內，從小熟悉的音樂霎時不絕盈耳。他們離開前，帽子裡總會收到小費。由於這些原因，布里斯本的聖誕節有自己的傳統，對於來自北半球的人來說，一定非常與眾不同。

在我造訪愛爾蘭時，清楚地記得這些傳統，因為這些都是我年輕時的一大部分。和家人朋友的相處，也讓我想起愛爾蘭人溫和的幽默感，我相信這也是其他文化的人喜愛愛爾蘭人的原因。有一次，我在蓋爾威市外等公車，但我不知道公車已經走了、或者還沒到。我看到一位老人，頭上戴著帽子，嘴上叼根菸斗，靠著柱子站著。他看起來很像當地人，所以我走過去問他下一班到艾爾廣場的公車什麼時候來。他轉過來看著我，脫下帽子、拿下煙斗。想了一會兒之後，他給我一個思考後的回答：「修女，天主知道，但我不知道。就算我真的知道，公車也不會照著我的意思在那個時候來。」

在澳洲生活六十多年來，我都只是定期回家鄉一遊。如果我嘗試評斷我在愛爾蘭觀察到的改變，那也未免太自負了。在我成長期間，大部分人只能勉力維持讓家人衣食無缺、可以受教育，那是許多現代人無法想像的景況。在愛爾蘭的某些地區，赤貧曾經是生活中的嚴酷現實。一九二〇年代初期的政治動盪以及後續的內戰，讓愛爾蘭掉進漩渦，不僅貧窮當道，人民之間的分化非常普遍，甚至連家人之間也不例外。雖然我們很熟悉這種緊張的情勢，但我父母從未將這種不和諧的論調帶入家庭生活中。我們幸福快樂地長大，相信我們的生活一切都很好。我們不曾覺得匱乏或受到威脅。

當時的生活與「愛爾蘭之虎」（the Celtic Tiger）帶給愛爾蘭的新興繁榮相去甚遠：我大膽地稱之為庸俗的炫耀財富。在二〇〇〇年初，我讀到一位多尼哥鎮的讀者給《愛爾蘭時報》（the Irish Times）的投書。我讀到那篇文章時，讓我相當焦慮，甚至到今天還是。文中的看法也許很刺耳，但根據愛爾蘭生活中某些要素目前的發展來看，那些觀點也許是種預言。文章的一部分寫道：

在以言論自由為幌子的虛偽言詞之中、以及對過去的掩飾和沉默，在我們這個可悲的小島國裡，是否有人有膽子談論現狀，而且直言不諱？……我們來者不拒，沉迷於物質的形象、膚淺的小報垃圾、號稱娛樂的電視節目不過是陳腐的垃圾……酗酒、濫用藥物、還有許多放肆和成癮的行為，都可以稱之為現代文化？

作者又繼續問，為什麼愛爾蘭允許這種狀況發生？他自己的回答是：

因為我們以過去為恥。過去當然有錯誤，但相較於經濟繁榮的荒漠和現今的精神破壞，過去也帶給我們文化和精神深度的光榮。

愛爾蘭媒體的態度也跟我大相逕庭。無論源自何處的各項發展，記者似乎同時扮演了法官和陪審團的角色。政府和教會似乎是特定的目標。在澳洲，我看過公眾人物承認自己判斷錯誤，但並未因而受到媒體的嘲諷。然而，愛爾蘭媒體以自詡的高道德標準進行嚴厲的批判，完全不允許他們隨意譴責的那些人有任何人性弱點。

這種態度似乎是一種卑劣的精神，與整體的歡樂年代並不協調。經過數百年的貧窮之後，歐盟提供的金錢使愛爾蘭躋身為富有國家，也不需再為日常生計而奮鬥，大部分人對此深感欣喜。近千年來，因為各種所需的物質都非常充裕，愛爾蘭首次感到一種解放的祝福。就愛爾蘭本身來說，這種現象從來不會威脅到信仰和道德，對均衡的生活也不是威脅。因為這些狀況的改變在全國產生一種自我價值感，國家也因而產生信心。由於年輕人的高教育程度，愛爾蘭社會也有自己的能力感，能夠在世界上提昇國家的形象。因此，超過一世紀以來的外移人數終於少於移入人數，愛爾蘭總算跳躍了一大步。為了永遠的榮耀，愛爾蘭在最富有的那幾年也不曾忘記自己的過去，對那些貧窮匱乏的國家也非常慷慨，接受各種狀況產生的大量難民。聯合國難民事務高級專員還鼓勵其他國家仿效愛爾蘭的慷慨。

然而，繁榮對愛爾蘭是憂喜參半之事。缺點就是濫用藥物和過度酗酒，伴隨著暴力和酒駕死亡的副作用，但這並非只有愛爾蘭才有的特質。浮華的豪宅如雨後春筍般出現在純樸的鄉間，破壞了愛爾蘭景觀的自然之美。在二〇〇九年，愛爾蘭和全世界大部分國家都經歷了一場經濟萎縮；勒緊褲帶和繳不起貸款會變成大多數愛爾蘭人民生活中的事實。克里斯・

海頓神父（Father Chris Hayden）經常投稿給《愛爾蘭天主報》（the Irish Catholic newspaper）。他曾經在一篇文章中談到，生活安逸時需要有感激的精神，這種態度會將生活中的一切視為天主的恩寵。但是，他也警告我們：

> 繁榮時代的權利感，在不景氣時代很容易變成受難感。但感激的態度可以帶領我們超越優點和失望的算計……對基督徒而言，經濟抑制的時代也許（在情況許可下）暗示我們這是慈悲的教訓，要體貼那些每天承受壓力重擔的人。

我相信愛爾蘭在這些不景氣的時代，仍會繼續伸手幫助需要幫助的人。這是愛爾蘭的故事，也是它的歷史。在艱困時期，人們不需要完全依賴政府來應付自己的需求，而是會支持自己、支持其他人。信仰仍然活在愛爾蘭，而且各種年齡的人都用自己不同的方法來表現。數個世紀前，聖派崔克（St Patrick）來到愛爾蘭，看到古老的凱爾特人崇拜太陽，並將死者面朝東方埋葬。派崔克沒有貶低他們的信仰，而是告訴他們真正的「太陽」是天主之子，祂的光芒永遠不會消逝。據說異教徒凱爾特人圓形的太陽象徵就此融入基督的希望象徵中：十字架，因而創造出凱爾特十字架（Celtic Cross），作為愛爾蘭文化的新象徵。在艱困的時代再度來臨時，希望這個象徵能照亮愛爾蘭人民的生活。

從我住在另一個國家超過六十年的觀點，仔細思量著我觀察到愛爾蘭的改變。對於深刻體驗到如何在社會混亂、和個人悲劇中掙扎求生的澳洲人，我也對他們更加了解。對我而言，這項認知是一項戲劇化的發現，顯現的不僅僅是相異點，還有無法漠視、不為人喜的相同點。經由痛苦、實際的接觸，我學到澳洲原住民的歷史和經驗，可以和我的祖國相比擬。我知道了原住民對土地的親切感以及對死者的愛，這也是愛爾蘭人與生俱來的特質，我也有。

被壓迫的澳洲原住民

我和妞拉，其實全家都是，從小到大都有強烈的感覺，就是看得見和看不見的其實都一樣。雖然死者的身體不復存在，但我們認為他們就在身邊，也會持續尋求他們協助。人們感覺得到死者在身旁關愛他們，約翰・

歐唐納修（John O'Donohue）在《亙古的召喚》（Anam Cara）一書中也細心地提到這項愛爾蘭精神的特質。書中有一則故事，某人已過世親友的老房子早已變成廢墟，但他還是拒絕賣掉廢墟的石頭，否則他們的靈魂會無家可歸。歐唐納修在其中說明了死者對活著的愛爾蘭人的親密性：

> 這意謂著即使在早已無人居住的廢墟中，曾經在此住過的死者靈魂仍然對此地有親切感和揮不去的連結。一個人的生命和熱情會在某個地方的時空留下印記。愛不會留在心中；它會向外流動，在景色中建造一個神祕的帷幕。

因為我的背景，面對原住民和托雷斯海峽島民土地被剝奪的影響持續至今，令我覺得很痛苦。我認為光是去想，就是令人沮喪、吃驚、痛苦的事情。我會在聖母公立醫院的急診室和病房看到他們，他們就像是支離破碎的人。經過多年的壓迫和貧窮，他們的精神已經破碎了。他們什麼都不要求；他們的回答，是他們認為醫生想要的回答。對我而言，他們象徵了巴布羅・弗雷勒（Pablo Freire）稱為「文化入侵」的結果。在《受壓迫者教育學》（Pedagogy of the Oppressed）一書中，弗雷勒寫道：

入侵者滲入另一個團體的文化環境中，而且忽視後者的潛力，將自己的世界觀強制加諸在他們入侵的人身上，並且透過抑制被入侵者的表達來抑制他們的創造力……那些被入侵者開始對入侵者的價值觀、標準和目標有所回應……他們愈是摹仿入侵者，他們的地位就愈穩定……為了讓文化入侵可以成功，必須讓被入侵者相信他們天生的低賤。

這跟克蘭普（KR Cramp）在《澳洲人的故事》（A story of the Australian people）一書中描述的事實完全不同。我從這本書中學習澳洲的一切，對我們準備當老師的人來說，這也是必讀的一本書。這本書讓我相信，原住民將所有權移轉給英國，主要是一項友善的協議，而且土地的取得是透過飾品和廉價珠寶之類的物品交換而來。多年以後，我才知道當英國官方詢問當地原住民，他們是否擁有這些土地。他們回答他們並不擁有土地，只是為後代看管這些土地，因此，英國人認為他們可以就此拿走。

我不禁拿來和愛爾蘭爭取獨立的故事做比較。在克倫威爾的迫害、懲治法、大飢荒、後來愛爾蘭爭取獨立的種種悲劇裡，一個人是否擁有土地是關鍵因素。持續到一八三〇年的懲治法一直將愛爾蘭天主教徒視為低等人類：

> 蓄意讓他們變得貧窮、保持貧窮，破壞他們的企圖心、將他們貶低成奴性的種族，讓他們毫無機會爬到跟壓迫者相同的地位。

我從學校和父母身上學到愛爾蘭歷史中的這些時期，但是對於澳洲原住民的歷史，我還有很多東西要學。機會在一九九七年來了。當時，我應邀至昆士蘭科技大學的畢業典禮演講。我的主題是比較愛爾蘭人和原住民及托雷斯海峽島民所受到的壓迫。這份工作並不難。殖民期間在澳洲發生霸占土地的狀況，將語言族群和氏族族群推離了歐洲殖民地的中心，混亂了傳統的界線，並造成不間斷的衝突。到一九〇〇年，疾病（包括性病）、營養不良、酒精和屠殺消滅了所有族群。失去了可以提供物質和精神識別的土地、失去了傳統的狩獵地點、還失去了可以聚集和發現生命意義的聖地，許多原住民也因而失去活下去的意願。

我狼吞虎嚥地讀過一本又一本的書，閱讀從歐洲人到達之後的澳洲原住民歷史。甘米居（Gammage）和馬可斯（Markus）在他們的專論《塵土般的一切，一九三八年的原住民》（All that dirt, Aborigines 1938）中寫道：

澳洲原住民遭受不公正的法律制度，剝奪了他們基本的自由；他們遭受了行政者的鐵腕統治，並且強制帶走孩子，使家庭分崩離析。

我很驚訝在十九世紀晚期有位名叫安德魯·班特（Andrew Bent）的記者對塔斯馬尼亞原住民（Tasmanian Aborigines）的描寫是：

他們太無知了，真的太過野蠻，只能用暴力才能讓他們了解。我們認為原住民根本無法安靜，除非用這兩種方法之一，也就是消滅他們或遷移他們。

在最黑暗的時候，澳洲原住民及托雷斯海峽島民的苦難，的確和愛爾蘭人民的經歷非常相似。兩個民族都是偏見和不公正的受害者；他們因為貧窮而備受責難，但真正的原因在於物質被剝奪和無能為力。如果一個民族因為外力而淪落到無比的艱辛和苦難，那我們又要從什麼道德立場來批評他們呢？

我在畢業典禮演講的前五年，澳洲高等法院決定法律實際上有原住民土地權，承認澳洲在一七八八年時並非無主地。高等法院在一九九七年做出象徵里程碑的《威克決定》（Wik Decision），決定牧地租約未必會破壞原住民土地權。這是非常有意義的一大步，但當時並未對這些被剝奪的人民有太多其他的承諾。我以派崔克・皮爾斯的一首詩作為結束。他是一位深受愛戴的愛爾蘭愛國青年，也是詩人和老師，在一九一六年因為參與爭取愛爾蘭自由的活動而在都柏林被處死。我當天晚上為原住民的兄弟姐妹祈禱，並以這首詩結束我的演講：

哦，有智慧的人啊，猜猜這個謎：

如果夢想成真會如何？

如果夢想成真會如何？
如果數百萬尚未出生的孩子將住在
住在我心中描繪的屋子，
我想像中那棟尊貴的屋子，又如何？

（譯註：此詩為譯者自譯）

讓我驚訝的是，我事前毫不知情就在這場畢業典禮，首次有原住民及托雷斯海峽島民護士從昆士蘭科技大學畢業。我在典禮後的晚餐上才發現此事。當時，我被原住民護士、父母和親友包圍著，他們為了演講的內容而對我感激不已。我也在那裡認識一位傑出的女性：莎莉・古德（Sally Gould）。她在雪梨的皇家阿弗雷德王子醫院（the Royal Prince Alfred Hospital）接受訓練，並且是澳洲第一位畢業當護士的原住民。莎莉當時是昆士蘭科技大學護理學院的講師。我覺得心中和這些出色的人之間有強烈的連結，她們決定繼續受教育，作為改善他們的生活最強而有力的方法。

幾年以後，聖母醫院考慮要在莫頓灣的紅土郡興建一所私立醫院。我和妞拉被派去洽詢北史翠伯克島（North Stradbroke Island）的原住民，以確保醫院建築不會干擾到任何聖地。我們受到兩位老人家的歡迎，他們是派特·伊瑟林（Pat Iselin）大叔和他太太瑪格麗特（Margaret）大嬸。接下來的兩小時，他們大概講述了聖母紅土醫院所在地的歷史，更重要的是，他們也保證我們不會闖入任何不該闖入的聖地。在聖母紅土醫院的小教堂裡有一組玻璃鑲板，那是原住民藝術家納瑞爾·波瑞（Narrelle Borey）的作品。作品的標題是〈海豚的呼喚〉（Calling of the Dolphins），上面的銘刻寫著：

> 很久很久以前……敏傑里巴（Minjerribah）的原住民會用他們的語言召喚海豚，他們的聲音在海灣上迴響，搭配著長矛在沙中揮動的聲音。在水中，海豚透過牠們的聲納，會聽到他們的聲音，然後將魚群趕到淺水，原住民就可以將魚撈進網中等到魚網滿了，海豚就會有剩下的東西吃。這些溫和的動物真是敏傑里巴人的好朋友。

聖母紅土醫院目前的所在地曾經是原住民的聚集地，從翠兒河（the Tweed River）到布里斯本再過去，這項訊息對我們特別重要。在某些時候，人們會因為原住民晚會或其他目的而聚集在此。莫頓灣地區的三大族是奴奴古族（the Nunukul），居住地是敏傑里巴，現稱為北史翠伯克島；恩古奇族，住在莫爾干平（Moorgumpin），後來改名為莫頓島（Moreton Island）；哥恩普（the Goenpul）族，原本來自於翠兒河，然後散居在該地區的各個島嶼。這個地區因為富含紅色土壤而得名。

派特大叔和瑪格麗特大嬸

派特大叔和瑪格麗特大嬸很高興講述他們的歷史，並詳細描述這塊地方的人氣。這麼做的同時，他們也讓我們瞭解古老文化許多有吸引力的層面。他們的祖先來到這個地區，因為這裡有水，當然也就有魚，包括貝類和螃蟹。原住民會在沙灘上吃這些魚蝦貝類，然後整齊地將蝦蟹殼堆成一小堆，稱之為貝丘。現在還看得到貝丘，而且對原住民仍然非常神聖。有一次，我和妞拉被帶去看貝丘。如果有旅人來到，當地人必定會準備一場歡迎宴，不僅有魚蝦，還有袋鼠、負鼠和沙袋鼠肉。這些食物都會用獨木舟從島上運過去，獨木舟則是用某種樹的樹皮做的。現在的原住民將這種樹稱為疤痕樹，也是原住民早期居住在紅土區的證明。因為土壤肥沃，所以那裡也有豐富的南洋杉堅果和蜂蜜。

派特大叔和瑪格麗特大嬸說，當疲憊的旅人來到時，等著他們的是熱誠的歡迎，而且所需的一切都會得到滿足，這些話也說明了這個地區對他們的意義。雖然各個族群有自己的語言，但透過「簡代」（Jandai）這種每個族群都知道的方言，溝通就沒有問題。在那個語言中，有一個字可以概括這個紅土區對所有來客的深刻意義。那個字是「kunjeel」，意思是一個聚集和聚會之地、升火之地、晚宴之地、最重要的是，歡迎之地。

我們聽著他們如音樂般悅耳的話語，提到原住民和大自然的關係：「我們和大地非常親近。我們知道每一件小事、每一個小徵兆，我們也知道雲啊、風啊、鳥兒啊。我們只要看著海灣，就知道風浪有多大。我們會觀察魚兒的徵兆和行動，因為牠們都會順應季節。我們也認識海豚——牠們一直都是我們的朋友。」這些人不懷絲毫憤怒或怨恨來看待他們痛苦的歷史。過去的已經過去了。他們活在現在，而現在充滿了希望和美好。

我們詢問基督教對原住民精神信仰的影響是否很明顯。他們說第一批基督傳教士在一八四三年五月二十四日到達此地，是法國苦難會（French Passionist）的神父。他們在北史翠伯克島的鄧維奇（Dunwich）成立了第一個對澳洲原住民傳教的天主教佈道團。由於語言的差異，還有傳教士顯然不曾努力去瞭解、並將原住民的精神信仰結合在他們的教誨中，再加上政府禁用原住民語言，因而沖淡了那些先驅傳教士的影響。但是，主禱文在當時被翻譯成三大族都會說的「簡代」（Jandai），到現在仍然使用著。這份譯文淺顯易懂，令人驚嘆。我想，耶穌也會同意，也許還會說：「我自己也沒辦法做得更棒了！」

天上的父。以祢的善名。降臨我們。我們遵照天上的指示所為。今天祢賜給我們麵包。這次請原諒我們。不要引導我們行錯。帶我們遠離邪惡。祢是偉大的。一切都獻給祢。直到永遠。

（譯註：以上祈禱文由譯者自譯。）

我們拜訪了派特大叔和瑪格麗特大嬸許多次。每一次，我們都心滿意足地離開，因為我們知道了祈禱文和這些古老、溫和的原住民的存在，會為某個歷史事件帶來精神上的意義。而當我們開啟新的紅土醫院的門，它所立的土地和原始地主之間，也存在著強烈的精神和文化連結。我們也思考該如何將他們用特殊的方法和醫院做連結。所以我們仔細探索，希望找出和這個地區有關聯的特殊名字，結果我們挖到寶了。據說派特大叔的高曾祖母是哥恩普族的，恰巧就在這裡出生。她的名字是娜莉（Nelli），所以在派特大叔的同意下，我們將聖母紅土醫院的咖啡廳命名為「娜莉之家」（Nelli's Place）。店名招牌上寫了一段祈禱文：「願沒有姓氏的娜莉、以及我們尊敬的原住民祖靈，帶來永恒的意義，化為祝福的泉源，保佑每一個來到『娜莉之家』的人。」

在最後一次造訪時，我們請派特大叔和瑪格麗特大嬸為新醫院祝福。我們帶著崇敬的心接受他們的祝福：「我們的祖靈將會照顧那裡的每一個人。仔細注意他們，因為他們就在那個地區隨意漫步。我們知道他們是好的靈魂，會照顧醫院裡的所有人、關心他們、守護他們、給他們關愛和治療，很多的治療。」我相信全澳洲已經愈來愈多人採取這種邁向和解的行動，而且也愈來愈頻繁，跨大步來縮小了澳洲人之間的鴻溝。但政府高層還必須更加把勁。

許多年來，原住民積極份子請求數任澳洲政府承認從殖民時期到現在加諸在原住民身上的不公平行為。數個世紀以來，混血兒被迫與家人分離，通常都被帶到其他州的政府和教會孤兒院，其中很多人的父親都是愛爾蘭人。女孩子在那些地方被訓練成女傭來服務白人家庭。這種作法隱含的意圖就是將她們同化到白人社會，但卻不是平等對待。這些孩子後來被稱為「失竊的世代」，許多人一輩子都無法再跟家人團聚。

一直到新當選的總理陸克文，才對失竊的世代表達了衷心、正式的道歉。一群群的原住民及托雷斯海峽島民聚集在坎培拉國會大廈外的草地上，那裡有大型電視牆可以讓他們聽到、看到總理的道歉。那天是二〇〇八年二月十三日，值得紀念的「全國哀傷日」（National Sorry Day）。為了尊重「這塊土地上的原住民，人類歷史上最古老的現存文化」，回顧他們過去被苛待的事實，並且為了「加諸於驕傲的民族和驕傲的文化身上的屈辱和破壞」，總理鄭重地宣佈：「我們說聲對不起」，同時展望一個「基於互相尊重、互相理解、互相負責」的未來。就這樣吧！

我在探索原住民生活和歷史資料的道路上，已經走了很遠。確實，我兜了一圈回到原處，思量著我在新國家的生活和經歷。這樣的回顧教導我，不要將意外的難題或文化的困惑，視為我以慈善修女會修女的身分在布里斯本生活的阻礙。

分享不同的信仰

透過羅馬天主教來接觸基督宗教信仰和實踐，一直是我存在的重心。但這並不表示我對其他接觸精神信仰的方法沒有興趣。其實，其他形式的宗教不僅令我著迷，也啟發了我。

在一九九〇年十一月，我和一位臺灣女士吳照峰（Julia Wu）有一次重要的會面。這次見面開啟了一段維持多年的關係。照峰要求跟我見面，討論透過捐款和志工的方式來協助聖母醫院的可能性。她所屬的基金會會安排捐款和志工的部份。

我們第一次見面時，我注意到照峰的穿著很簡單，也沒有配戴首飾。當時，照峰的英文還不太好，她雖然嘗試說明基金會的性質，但我還是無法了解。那個基金會源自於臺灣，而且仍然以當地為中心。我們同意再見一次面，照峰想看看她是否能提供更多有關基金會的資訊給我，我則想看看是不是有人知道那個基金會。她要離開時，給了我一張一千元（約合新臺幣三萬元）的支票。我向她道謝，但認為她可能負擔不起這筆捐款，所以告訴她我並未期望從她那裡得到捐款，而且她應該將這筆錢留給家人。她笑了出來，讓我有些困惑，但她還是堅持要我收下支票。最後，我照她的意思收下了。那次會面是一段友誼的開始，而且隨著我們認識愈深，友誼也愈深。我繼續和照峰及她的同僚會面，試著更加了解他們遵循的佛教哲學。

這個基金會叫做「慈濟」，最初讓我覺得非常神祕。是照峰將慈濟帶來布里斯本，其實也是澳洲首次認識慈濟。慈濟會員遵守證嚴法師的話：「愛人之人，恆被人愛」。慈濟基金會對醫療照護和研究一向都非常慷慨。舉例來說，基金會提供了十八萬元的大禮，贊助聖母兒童醫院小兒發展和復健門診的一個研究職務。桑妮·吳（Sunny Wu）和安娜·吳（Anna Wu，她們兩人不是親屬）、以及她們的女兒凱倫（Karen）和蒂娜（Tina），協助將兒童送來聖母醫院，因為整形外科醫師理查·勒萬杜斯基（Dr Richard Lewandowski）建立了「微笑專案」合作關係。微笑專案是將顏面畸形的第三世界兒童送到聖母醫院進行外科治療，而且醫生都是以志工身份提供服務。吉姆（Jim）和麗莎·徐（Lisa Sheu）一家人每年提供大額捐款進行癌症研究，紀念他們不幸死亡的女兒辛蒂（Cindy）。到二〇〇二年，慈濟志工已經捐贈了一百二十萬元（約合新臺幣三千七百萬元）給聖母醫院，並且成立聖母慈濟研究獎學金（the Mater Tzu Chi Research Scholarship）。布里斯本的臺灣人仍然一直慷慨地支持聖母醫院。

認識照峰不久後，我就得知在前幾年有大批臺灣人湧進布里斯本，而且很難在必要時取得醫療照護。後來，我聽到一位臺灣男士求醫所受的苦難，發現這種狀況到了緊要關頭。諷刺的是，這位男士本身是個曾在臺北執業的婦產科醫師，但因為語言和認證問題，他無法在昆士蘭行醫。在他自己需要動手術時，卻落入一位技術不佳的外科醫生手中。照峰的兒子和女兒會說流利的英文，他們陪著照峰來告訴我這名男士的苦難。他自從手術後，就一直非常疼痛，但是已經從動手術的私立醫院出院了，仍然在極度疼痛中。

從他們的敍述，我猜得出他動了什麼樣的手術。我知道我必須採取行動。我打電話給一位受尊敬的外科醫生。安德魯・貝爾醫師（Dr Andrew Bell）是位結腸直腸外科醫生，任職於聖母醫院的門診部。我問他是否能幫助那個人。一開始，貝爾醫師不願意干預其他醫生的病患，這是可以理解的。但是，我對他說明了整個狀況之後，他就答應幫忙，因為他可以理解那個人正處於疼痛中。於是，他要求將病患帶到門診讓他看病，經過他有技巧、細心的治療，總算成功地改善了第一位外科醫生的爛攤子。我會永遠感謝貝爾醫師，因為他熱心地幫助了那名落難的男士。我對聖母醫院的許多醫生都非常感激，因為每當我打電話求助，他們總是願意在最短的時間內馬上看診。

那個人如果留在臺北，就可以知道針對自己的需求去找醫生，這是第一個事件，讓我每次想到就覺得痛苦。因為他的語言障礙，他冒了險，也付出代價了。於是我下定決心，如果我想聽得懂臺灣病患描述的症狀，我就必須學會基本的中文，才能幫他們安排適當的專科醫生。我也真的去上推廣教育課程學中文。在二〇〇四年，東尼（Tony）和麗莎・鄧（Lisa Teng）捐了八十萬元供研究之用，我很興奮能夠在一個特殊的典禮中用中文向他們道謝。

令我覺得有趣的是，在二〇〇八年，當時的昆士蘭健康部長史蒂芬・羅伯森在國會提到了我學習語言的英勇事蹟：

事實上，安琪拉．瑪莉修女甚至去學中文，而且還說得相當流利。如果安琪拉．瑪莉修女有機會讀到這篇演講，那我在此先道歉。不過，這麼大年紀的老年人學中文，可真不容易。沒有多少人會說有愛爾蘭腔的中文，但儘管如此，無論她說什麼語言，都會盡力把自己的意思表達清楚。安琪拉．瑪莉修女曾經榮獲昆士蘭傑出人士獎，除此之外，我也想不出對她更好的讚美了。

我欣然原諒了羅伯森先生。

拜訪證嚴法師

我花了好幾個月才完全瞭解佛教慈濟慈善事業基金會。這是一項澳洲沒有的運動，而且起源和運作模式也非常獨特。照峰知道，如果要讓我了解這個團體，就非得見見在臺灣花蓮創設基金會的證嚴法師不可。於是，我和照峰就到了花蓮。當我們抵達精舍時，證嚴法師這位傑出的女性正等著我們。為了對我表示特別的歡迎，還敲了三次鑼，這通常是貴賓才有的待遇。然後，我發現光是看著證嚴法師的眼睛，就已經讓我深深覺得敬重。我們沒有交談，但我覺得我們之間已經有了深層的溝通。在我面前的是位佛教徒，她告訴信眾不要為菩薩蓋大廟。她的理由是什麼？「菩薩不需要大廟。祂會希望你將錢拿去幫助有需要和生病的人。」

我去她在花蓮的總會參觀，發現那裡的佛像並不大，而且裝飾也很簡單。我們住在精舍裡，到處看看精舍四周，也見到了許多志工和尼姑。至於精舍的內部生活、和我以前住的聖母修道院，兩者是否一樣或不同，實在難以定論。但是，修道院生活的一項基本原則似乎相同。在花蓮的精舍，和天主教修道院一樣，尼姑或修女之所以住在一起，是因為她們的信仰、以及到世界各地傳教的決心。

在我們參訪期間，我、照峰、和澳洲的慈濟現任領導人紀雅瑩被帶去探視慈濟志工服務的地方和他們照顧的人。我特別記得兩次的訪視。一次是一位病重的老榮民，他來自大陸，但無法回到家鄉。他想再聽一次用家鄉話唱的〈小小羊兒要回家〉這首歌。我聽著一位志工唱著這首小曲，其他志工則在床邊俯視著他。雖然老人家只剩一口氣了，但還是跟著一起哼。我覺得那個房間就是天堂，我的淚水再也止不住了。

然後，我們被帶到一棟只有一個房間的屋子，住在那裡的老婦人已經照顧臥床的兒子十八年了。我們離開前，老婦人堅持要唱首歌來感謝慈濟的訪視。這次的訪視在我心中留下不可磨滅的印象。因此，回到布里斯本後，我馬上到處宣揚慈濟和聖母醫院其實有很多共通點。

慈濟、聖母醫院、和我及妞拉之間的關係，發展得非常穩固。很幸運的，我的地位能在醫療和其他問題上幫助許多布里斯本的臺灣人。包括將他們引介給聖母公立或私立醫院的專科醫生、將他們介紹給孩子要讀的學校，必要時也寫推薦函。不久之後，照峰和我就開始在雪梨和墨爾本成立慈濟中心。我們真是對奇怪的組合，但我們成功了。這些中心現在都蓬勃發展。慈善修女會和慈濟之間擁有驚人的相似性。兩者都是為貧病的人、為教育、為幫助所有弱勢者而創立的。

「聖母醫院健康服務」的原則是以基督的治療使命為基礎。從懷孕那一刻到死亡，個人生命的尊嚴和權利，是聖母醫院至高無上的原則。所有病患有權利就他們的疾病得到正確和適當的訊息，並參與決定治療模式和程度，這些都來自於這個原則。我參觀臺灣花蓮和大林的慈濟醫院，看到這些相同的原則也應用在所有病患的照護上。

聖母醫院認為生命是天主的禮物，而我們是這份禮物的服務員。身為服務員，我們的責任是適時、適地照顧、助長和維持生命。我們不曾說過任何生命是沒用的，所以決定讓那個生命結束。因此，無論何時，我們都盡力幫助生命艱苦的人。證嚴法師也強調這一點。她說：「生命是人從出生到死無可避免的折磨，所以我們應當盡力讓病人覺得比較不難受。」儘管如此，疾病和死亡還是讓我覺得非常難受。

在我和臺灣人的眾多記憶中，我和林家的緣分相當珍貴。凱文．林（Kevin Lin）住在布里斯本，我跟他很熟——他是個溫和、正直、英俊的年輕人。後來我們變成好朋友。凱文罹患癌症，所以他母親從臺灣飛來陪伴他。他父親、姊姊瑪格麗特（Margaret）和哥哥路易（Louis）也經常來看他。凱文在二〇〇二年的某個半夜過世了，得年只有二十九歲。他母親一打電話給我，我就趕到他家去了。我對凱文的記憶、和我對他與他家人的愛，永遠不會消逝。

凱瑟琳．麥克奧利堅決表示「窮人今天需要幫助，不能等到下星期」，證嚴法師也說過同樣的話。她勸告信徒要在今天行動，忘記昨天，明天的事等明天再說。對慈善修女會而言，凱瑟琳．麥克奧利有一項耳熟能詳的訓示：「有些東西窮人看得比金子還要珍貴，雖然那根本不用花捐助人一毛錢。其中有友善的話語、溫柔同情的神情、和耐心聆聽他們的悲傷。」當然，證嚴法師會說：「施比受更有福。當你心存感激，受者知道你不僅給他禮物，你也給了他尊重。」

在我們十八年的友誼中，慈濟人對許多慈善機構都很慷慨，無論在澳洲國內外皆然。無論聖母醫院曾經為他們做過什麼，他們必當湧泉以報。直到今天，他們的志工每週三都來聖母醫院幫忙，對醫院指派的工作毫不推諉。無論什麼時候看到他們，施與的喜悅和微笑總是散播著溫暖。他們已經捐款援助了聖母醫院的許多需求。而在最近，透過好友周碩良先生與吳秀里女士的善意，張有惠董事長給我們一份驚喜，代表財團法人臺灣武智紀念基金會提供聖母醫院一大筆捐款，協助新的聖母婦產醫院建造加護病房。

在一九九八年，就在海嘯和隨後的洪水災難侵襲巴布亞紐幾內亞之後，慈濟務實又體貼的作風展露無遺。當地在毫無預警之下損失了數千條人命，無數人也失去維生的方法。當時聖母醫院和國際扶輪社合作提供醫療和其他救助，茱莉亞·王（Julia Wang）並不知道這一點，她只詢問慈濟要如何幫忙。維瓦克醫院（Wewak Hospital）是為受傷倖存者提供急性內外科醫療的主要中心。我們慈善會的修女已經在巴布亞紐幾內亞的這個地區待了超過四十年，她們發現當時醫院最重要、最急需的物品是一部影像增強器。那是一種X光設備，可以大幅降低四肢骨折病患的待診人數。影像增強器的價格高達驚人的十八萬元（約合新臺幣五百五十萬元），但慈濟毫不怯步。在三十六個小時內，慈濟基金會就通知聖母醫院進行設備採購。

維瓦克的骨科外科醫生寫了一封信，描述了這項設備的需求、還有受益者的感激：

> 這是來自維瓦克綜合醫院的問候。因為影像增強器這份大禮，醫院裡的生活有了革命性的改變。我們有一半的工作是創傷和骨科，但在過去，我們極難進行骨科治療。部分原因在於我們找不到夜班的放射治療師。他住在危險的地區，我們醫院交通車已經在那裡被劫三次了。現在有了影像增強器，我們就不需要拜託放射治療師，甚至是最嚴重的錯位破碎性骨折也沒問題。我們使用這部機器時，都會告訴病

患這是誰提供的。他們一貫的回答都是：「替我跟他們道謝。」

那名外科醫師也是本信的作者。她是位天主教修女，在巴布亞紐幾內亞這個偏遠地區眾多修女中的一位。這部影像增強器的資金來自於布里斯本、雪梨、墨爾本、花蓮和加州的慈濟人。現在，慈濟已擴及三十多國，信徒人數超過五百萬，他們四處行善，無論以哪個國家為家，都成為傑出公民。這麼多特殊的人選擇住在布里斯本，這真是個幸運的城市。

「一族黨」（One Nation）創立人寶琳．韓森（Pauline Hanson）促請政府限制亞洲移民人數，因為他們將自己的文化帶入澳洲，並且可能搶了澳洲人的工作，我對這種觀點感到非常沮喪。政壇沒有人反駁一族黨的想法。如果這是普遍的想法，那麼許多新移民會考慮離開澳洲，連亞洲國家來的成功企業家也不例外。警覺到我認識的那些好人可能因此受到傷害或感到不安，我便和一家商業電視臺連絡，將事實呈現出來。電視臺報導的內容相當公平，也很豐富，有助於平息混亂的局面。我們留住了慈濟的這些好公民，他們在生活中實踐證嚴法師的願景，努力創造一個充滿正義、愛與和平的世界。

當然，並不是我們認識的每個臺灣人都是慈濟人。只要知道我們隨時都可提供協助，任何人都可以來找我們。他們都有我們的電話和手機號碼，有需要時就可以打電話。我們也有幸能在醫療和一般社會事務方面幫助一些越南家庭，同時也教他們英文。

耶路撒冷朝聖行

在我退休後，我也可以更深入地探索基督信仰和傳統的基礎。在一九九四年三月，我和妞拉站在荊冠耶穌修道院（the Ecce Homo convent）的陽臺，接下來三個月在聖地的聖經學習計畫期間，我們將以此為家。第一天晚上，我們眺望著耶穌摯愛的聖城耶路撒冷。正下方就是維亞多樂羅莎大道（the Via Dolorosa），或稱為「苦路」（sorrowful way）。根據傳統，那就是耶穌戴著十字架前往髑髏地（Calvary）的道路。站在那裡，我們互相對望，不敢相信自己真的身在此地，內心深深感到三千年前的聖詠作者的喜悅：「耶路撒冷啊，我們的腳站在你的門內。」

我們簡直不敢相信自己身在聖城，這個因為耶穌死亡和復活、因為基督徒、猶太教徒、回教徒數百年來無數的祈禱而神聖之地。我們是朝聖者，不是遊客。我們很快就會踏上相同的道路、摸到加利利湖相同的湖水、看到耶穌從小到大摯愛的山丘。我們覺得祂就存在於我們身邊。為了增添氣氛，我們去那裡過「聖週」（Holy Week），才能在當初的事發地點參加耶穌死亡和復活的紀念活動。

荊冠耶穌修道院是錫安聖母修女會（the Sisters of Our Lady of Sion）在耶路撒冷的中心，修女會的工作是促進猶太教和基督教的關係。修女們從一八六二年就來到此地，雖然當地政治動盪不安，但荊冠耶穌修道院或住在修道院的人，從未受過傷害。真是感謝好友泰瑞．傑克曼（Terry Jackman）的善意，安排了莎拉（Sarah）和強納森．奇希克（Jonathan Chissic）夫妻來班固瑞恩機場（Ben Gurion Airport）接我們。他們倆人是虔誠的猶太教徒，曾經在雪梨待過許多年，從事電影工作。我們離開布里斯本之前，泰瑞給我們看一封他寫給莎拉和強納森的信，請他們在耶路撒冷照顧我們。泰瑞有種古怪的幽默感，因此那封信的開頭是：「身為未來的天主教徒，你們首先要去機場幫兩位修女接機……！」

我們在機場看到兩張笑臉等著我們，猜想他們應該就是莎拉和強納森。我們談過話後，他們好心地幫我們叫了輛計程車，其實是輛小巴（sherut），載我們到獅子門，進入舊城的回教區，因為荊冠耶穌修道院就在那裡。莎拉和強納森也許不是未來的天主教徒，但我們待在耶路撒冷期間，非常照顧我們。聖經上許多對猶太教徒很神聖的地方，他們也帶我們去了。因此，他們帶我們去以色列博物館、聖書之龕和死海古卷（Dead Sea Scrolls），還有永遠難忘的大屠殺紀念館（Yad Vashem）。大屠殺紀念館令我們感動落淚，特別是看到數千名孩童的臉龐和名字投射在升起的小舞臺，久久不能自已。

因為莎拉和強納森一直住在澳洲，他們還拿澳洲食物來幫我們打牙祭。我們特別記得莎拉作的美味安息日麵包捲。他們現在住在雪梨，我們還經常保持聯絡。我們來到聖地時，夏天已經開始了。我們出發前注意過特拉維夫的氣溫大約是攝氏二十七度，因此覺得就算日夜比較涼的時候，一件羊毛外套也足以應付。我們真是大錯特錯！特拉維夫位於地中海，而耶路撒冷則比周圍的鄉間高了三千英呎。於是在耶穌受難日那天，我們決定要投資一些可以保暖的衣物。

荊冠耶穌修道院的修女安排了貨幣兌換商前來協助新來的人，所以我們至少有謝克爾（shekel，譯註：shekel謝克爾為以色列貨幣）可以購物。

但，我們要去哪裡買我們要的東西呢？令我們驚訝的是，我們發現儘管苦路是狹窄、蜿蜒的石牆，但商店就建在兩旁的牆內。那些商店裡販售各種你想像得到的宗教標誌，還有衣服和各種日用品。這些商店都是巴勒斯坦人經營的，盡力販售他們的商品。我們第一次想要認真購物時，不知道該如何磨練殺價的技巧，才能買到我們需要的東西，而且是以合理的價格。我們很驚訝看到四名年輕的以色列士兵在苦路的盡頭站崗，所以決定敬而遠之。但是，隨著日子一週週、一月月地過去，我們也習慣了士兵站崗的景象，根本就視而不見地走過去。

陌生的謝克爾放在我們口袋裡，但在苦路上從頭走到尾，卻找不到我們要的東西，於是我們向右轉，之後我們才知道那就是「大馬士革門」（the Damascus Gate）。突然間，我們在一家店裡看到連帽夾克（或稱為防風夾克）剛好適合我們。雖然我們不知道耶路撒冷的物價，但知道要想辦法保暖，所以就走進那家店。店裡有個笑臉迎人的男士，對著我們倆人看了看說：「你們是『雙寶臺』（雙胞胎）？」這句話打破僵局，我們也買了兩件連帽夾克，我們穿到現在還很喜愛。我們回到荊冠耶穌修道院後，大家都說我們買到好東西了，就算不殺價都值得！

荊冠耶穌修道院的課程透過天主在聖經的土地上說過的話、透過出遊之類的活動，讓我們熟悉這片土地、透過國際聖經學者經常性的演講，提供我們機會心靈成長的機會。學習和祈禱也合而為一。大部分的下午都沒有安排活動，所以我們可以穿越舊城，在耶路撒冷任何一個神聖的地方消磨時間。從我們左邊出去，在步行可到的地方，就是橄欖山，耶穌就在那裡經歷了祂的痛苦。我們經常去那裡，想像著祂預見即將發生的折磨和死亡而揮之不去的恐懼，如此巨大的恐懼，祂祈求天父將之帶走。離這裡不遠之處就是奇德倫谷（the Kedron Valley）和巨石劈成的古老墳墓，到現在還維持得跟耶穌的時代一模一樣。當耶穌從最後的晚餐的房間走到橄欖山時，應該看得到它們赤裸裸地在眼前。在苦路的另一頭是聖墓大教堂（the Church of the Holy Sepulchre），就建在實際發生釘十字架的地方。當我們走近時，道路突然變成陡峭的上坡。

在耶穌受難日，苦路會被來自世界各地的朝聖者擠得水泄不通，所以當地人都知道要在清晨六點開始「十字苦路」（Way of the Cross）的傳統。這對我們完全沒問題，因為荊冠耶穌修道院所建的地區，就是傳說中耶穌被帶去背十字架之前，接受宣判、被戴上荊冠、被嘲弄的地點。這個地點比外面街道的路面低得多。下方的石板地面上仍看得到刮痕。那些石板地面稱為鋪華石處（the Lithostrotos），士兵會聚集在那裡玩骰子。其中一種遊戲就是挑選一位被判死刑的犯人，加冕他為「本日國王」。也許這就是士兵在耶穌頭上放荊冠的原因。

主啊，我們做到了！

當我們站在那裡祈禱，那個地方的神聖感襲捲而來，不僅因為耶穌曾走在這些石頭上，也因為這麼多世紀以來，朝聖者以他們的祈禱使這個地方變得神聖。當我們唱到眾所喜愛的靈歌：「他們將我的主釘在十字架上時，你在那裡嗎？」我們深深感動，覺得我們「確實」就在那裡。因為人群尚未開始沿著苦路進行「十字苦路」的傳統，所以我們幾乎一路暢通地走到聖墓大教堂和放置耶穌身體的墓前，祂就在那裡死後三天再度復活，印證祂的預言。

早在第一世紀，來自羅馬的朝聖者搭船來到耶路撒冷。他們非常喜悅，因此在聖墓大教堂下方的牆上刻印了船隻的輪廓和兩個字：Domine lvimus，可以翻譯為「主啊，我們做到了！」或「主啊，我們到達了！」我們對這些早期的基督徒的情緒深感共鳴，所以我們買了兩塊小紀念牌，上面刻畫著他們刻的圖像。這是珍貴的紀念品，甚至我們現在看到都會感謝天主，我們真的做到了。

如果要我敍述在聖地停留期間的所有經歷，大概要寫一本書了。這裡不適合這麼做。我們參加規劃好的出遊行程，但是，例如當我們看到路標指向拿撒勒（Nazareth）時，簡直不敢相信自己真的在那裡。有一次在提柏瑞爾斯（Tiberias），我們為了星期天的彌撒而出去找天主教堂。我們向好幾個人問路，但語言是個大問題。最後，有個願意幫忙的人招呼我們進入一間商店，然後跟櫃檯後面的人講話。他走出來，全身上下打量我們。然後，他說了幾個字，表示知道我們在找什麼。他抬起一隻手，發出聲音說：「叮～咚！叮～咚！」

我們點點頭，然後他朝著最近的天主教堂的方向一指。我們先試走一次，以便確定隔天還找得到路，因為隔天才是星期天。我們到了之後，發現那是由方濟會的神父和修士管理的教堂，其中很多還是澳洲人。其中一位修士聽說我是護士，便請我看看他的腳踝。他的腳踝腫起來了，我動了一下，確定沒有骨折。腳踝動起來沒問題，所以我就問他們是否有繃帶。沒有，只有OK繃。當時是猶太人安息日，所以商店都不開。當太陽下山時，商店開了，我們就買了彈性繃帶，我再幫他包紮。我請他去照X光，他說要等到星期一。我又問最近的醫院在哪裡，而他的回答有如再次的當頭棒喝：我們真的在那裡。「拿撒勒。」他說。

我們特別記得一次出遊。我們走到獅子門，那裡有一輛巴士等著我們。當天是一九九四年五月四日，我們要前往耶律哥（Jericho），因為以色列和巴勒斯坦人將簽署一份重要協議：《耶律哥協議》（the Agreement on the Gaza Strip and Jericho Area）——將於十一點整在開羅舉行。從耶路撒冷出來的路突然急遽下降，正好釐清一件困惑我已久的事。「好撒馬利亞人」（the Good Samaritan）的故事提到某個人從耶路撒冷「下到」耶律哥，但是在地圖上，耶律哥卻是位於耶路撒冷北方。此時我才明白故事說的是地形差距造成的地理狀況。沿路的路標都指向耶律哥和死海。我在日記裡寫著：

我們正前往猶大沙漠，看起來的確就像「一片乾涸的大地」。我

們不禁猜想貝都因人和他們的綿羊及山羊要怎麼生活。一個月之前，那裡有一條河，但現在只剩下佈滿石塊的乾河床。山丘看起來像是黃土高地。幾個月前還是翠綠的草地，但現在已經枯萎，到處只剩一叢一叢的草，等待冬雨。

當我們接近耶律哥時，右邊可以看到死海的北端，約旦河就由此入海。耶律哥種了大量的椰棗樹，就在我們左邊。此地具有豐富的歷史，以色列人在約書亞的帶領下首次進入這塊土地。耶穌在這裡治癒了瞎子巴底買（Bartimaeus），撒該（Zacheus）也在這裡爬到樹上只為見耶穌一眼。知道耶穌對耶律哥知之甚詳，也增長了我的見識。當我們的巴士終於要離開時，巴勒斯坦警察都穿著新制服排排站，並將我們視為朋友，護送我們出城。

耶穌和他的門徒所熟悉的加利利湖，對我們仍然有特殊的吸引力。福音中記載著耶穌在信徒於湖中遇到暴風雨之時前來解危。狂風暴雨依然是這裡的特色。祂叫他們要鎮靜、要信任、要平靜。我們有很多機會在美麗的湖邊消磨時間，這座湖之所以神聖，是因為耶穌曾在這裡度過時光，想必祂也鍾愛這座湖。

有一則《聖經》故事對我一直很特別，故事取自〈約翰福音〉二十一章。當我此刻站在傳說中故事發生的地點，才感受到巨大的影響。我快速地將這件事敍述一下。事情發生在耶穌復活後，彼得和一些信徒在湖上捕魚捕了整夜，但什麼都沒抓到。當他們準備上岸時，一個人站在岸邊。他們知道那是耶穌，但卻不敢開口問祂。他們告訴祂什麼都沒抓到，祂便建議他們將漁網向右拋撒，他們照做了。他們大豐收，而且上岸後，發現祂在岸邊升了火，火紅的木炭上烤著魚，還有麵包可以吃。我和妞拉就站在信徒上岸的地方。耶穌所做的每件事都非常仁慈、可以激勵人心。沒有資料顯示那些信徒之前在祂最需要他們時遺棄了祂，除了彼得之外。我認為這就是我們死亡時會受到的迎接。耶穌會在那裡，準備好迎接我們。祂不會對我們期望太多。我們所帶來的，全都是因為祂自己的仁慈。祂會接受原來的我們，而且在知道我們的弱點的情況下，只會問我們是否愛祂。

當我們在加利利湖邊望彌撒，滿懷著對耶穌的回憶，我們唱了〈加利利之歌〉（the Galilee Song）：

因此我將船隻拋下，
遺留在熟悉的岸邊。
深深地下定決心，
再度跟隨祢的腳步，我的主。

（譯註：以上詩歌由譯者自譯）

在一九八五年，湖水深度已經下降到危險程度，但卻有項大發現。湖底躺了一艘漁船，年代可回溯到耶穌的時代。漁船很小心地被搬出來，然後搬到某處放進某種溶液裡，以確保漁船不會因為暴露於光線和空氣中而解體。遺骸目前保存在提柏瑞爾斯附近諾夫吉諾沙（Nof Ginosar）的博物館。從那時候開始，有生意頭腦的營造商便開始複製這艘有兩千年歷史的漁船，而且大小和設計完全一樣。新船叫做「耶穌之船」（the Jesus Boat），當然，我們一定要搭船遊湖。負責指揮的人還會撒網，當然不可能抓得到魚。我們每個人還可以拿到一張證書，證明我們搭過耶穌之船呢！

以馬忤斯（Emmaus）、他博山（Mount Tabor）、八福山（the Mount

of Beatitudes）、伯利恆（Bethlehem）、隱卡林（Ein Karem）（聖母去與堂姐伊莉莎白同住之處）。每個我們所到之處都賜給我們恩寵。如果可能，我和妞拉會選擇重返聖地，更勝於世界上的任何其他地方。在離開前，我們獲得一份〈朝聖者祈禱文〉（A Pilgrim's Prayer）。我以其中一段節錄來結束我們的聖地之旅：

主耶穌基督，祢曾經是這塊聖地的朝聖者。我們也以朝聖者身分而來，與祢一起踏上旅程進入沙漠，聽取以色列天主在我們自己的沙漠所說的聖言。我們跟隨祢進入加利利，去領會和體認祢存在和治療的神蹟……

張開我們的雙眼、放開我們的心靈和心智，因此我們不僅在古老石塊中找到祢，也在祢神聖的子民之中、以及渴望祢的人之中，無論他們身在何處。

請在我們心中寫下祢的福音。派我們送出好消息。繼續帶領我們，並指引我們走向天國的耶路撒冷的朝聖之路。

阿門！

前瞻與回顧

我想往前邁步，在我雙腿健全、腦袋還能活動的時候。我希望能夠享受我的退休生活。——一九九三年七月四日布里斯本《周日郵報》（Sunday Mail）引用我的話。

享受新的經驗是在生命後期的一大喜悅。認識新朋友、分享不同的生活故事、從事新的冒險、回顧以往、思考我們週遭的世界，都可以豐富退休生活。這段重要的時間也給我們許多機會，思考我們的生活、思考塑造我們的影響、思考我們曾經有過的機會、思考過去是什麼、思考現在是什麼、以及思考未來是什麼。我非常清楚，我經過許許多多的影響才成為現在的我：我的家庭、我的愛爾蘭血統、我從事神職的決定、我在聖母醫院數十年的生活、我認識的人。我心懷感激地回顧著各種年齡、宗教、文化和職業的許多人，他們幫助了我和妞拉，也讓我們幫助了他們。

如果不提到我得過的獎，這個故事就不算完整。我相信那些頒給我的獎反映出社區的慷慨精神，而不僅是我個人的貢獻。有人曾經問我第一個獎是什麼，我的腦海中立即浮現我的商學士學位。完成大學學位讓我了解，來自克萊爾郡那個渴望唸中學的小女孩，已經走過了漫漫長路。我知道自己會得到那個獎：因為我已經完成所有作業、也通過考試，但其他榮譽毫無預期而來，仍然不斷令我驚喜和興奮。我借用歐巴馬總統的話，我「既驚訝，又虛心」。每個獎項對我都有其特殊的意義。

第一份社會榮耀是澳洲醫學協會昆士蘭分會（the Australian Medical Association [AMA], Queensland Branch）頒發的「1989年卓越獎」（the 1989 Award of Distinction）。我知道許多醫生與我見解不同，但AMA能夠無視歧見而給我這個獎，令我極為感動。另一個原因也使一九八九年非常特別。我這位來自克萊爾郡的移民竟然被稱為「昆士蘭年度風雲人物」。我很高興昆士蘭是有包容性的社會，能夠將我和許多來自世界各地的移民視為昆士蘭年度風雲人物。既然我現在是澳洲公民，我也很興奮能在一九九〇年從總理手中獲得「澳洲人成就獎」（Australian Achiever award）。

教育一向是我生命中的主題，而且以某種方式持續著。因此，我很榮幸格理菲斯大學（Griffith University）因為社會服務貢獻而頒發榮譽博士給我。那所大學距離我在格拉瓦山現居住所不遠。在一九九七年，我也因為相同原因而成為昆士蘭科技大學的榮譽博士。我相信在健康的社會中，社會服務極端重要，也希望這樣的榮譽可以鼓勵其他人為值得努力的事情堅持下去。在一九九三年，澳洲政府頒發「澳洲獎章」（the Order of Australia）給我，也讓我感到非常光榮。

看到並致力解決他人的需要，是我生命的中心主題。因此，在二○○○年榮獲慈善及社會福利類的「昆士蘭州長卓越獎」（the Queensland Premier's Award for Excellence）也是很棒的事。在二○○一年名列「昆士蘭偉人榜」（Queensland Great）的確是相當大的榮耀。因為健康照護所費不貲，社會大眾有權要求在健康和醫院方面所花的大錢要有保障，因此健康醫療服務必須根據商業原則來有效管理。因而我也很高興在一九九六年榮獲「昆士蘭商業女性獎」（Queensland Business Women's Award）。

我非常感激各界頒給我的榮譽和獎項，但它們不是我個人的。這些榮耀也認可了與我一起努力的所有人和機構對昆士蘭的重大貢獻。在二○○九年入選為「昆士蘭商業領袖名人堂」（the Queensland Business Leaders Hall of Fame）的一員，令我格外喜悅。給我第一份榮耀的母校昆士蘭科技大學和昆士蘭州立圖書館合作，成立了名人堂。我真喜歡這次的「晉級」！

回顧一生向來都是令我欣慰的經驗。因此，我就有機會將生命中各種不同的經歷收集起來，融入我現在的生活中。我非常感激、也非常敬重張有惠董事長，因為他的發想和協助，我才能將我的故事寫出來。

在整個寫作過程中，海倫·葛雷葛利（Helen Gregory）就故事中重要元素的內容和順序給我許多建議。為了讓我們的努力更加完整，張董事長在二〇〇九年決定我和海倫應該去一趟愛爾蘭，走訪那些和我童年有關的地方、以及大致影響我祖父母、父母、和我這一代的地方。我們真希望張董事長能夠同行，但他卻在最後一刻不得成行。我們感到非常失望，因為已經安排好張董事長去拜見愛爾蘭交通部長諾爾·丹普西（Noel Dempsey）、愛爾蘭總理和愛爾蘭總統瑪莉·麥克亞歷斯（Mary McAleese）。儘管張董事長缺席，但因為這些官方會面已在數個月前做好安排，所以還是照計劃進行。我們一行人包括老朋友周碩良和吳秀里、海倫和史考特夫妻，還有都柏林的臺灣駐愛爾蘭代表李南陽先生及夫人李王珍。

我和妞拉已經和諾爾．丹普西及他夫人柏娜黛德認識多年了。再度見到他，是此次愛爾蘭長途之旅中的一大樂事。在克萊爾與我妹妹烏娜共度的時光，讓海倫、史考特和我能夠看看我們出生的家、我們成長的農場、我們的學校、還有全家一起去的教堂。都柏林交織了愛爾蘭大部分的歷史，我們在那裡度過非常特別的一段時間。在數名知識淵博的導遊陪同下，我們走訪了基爾馬漢監獄，就是一九一六年愛國份子被草率處死之處；郵政總局，起義事件開始的地方；格拉斯那芬墓園，麥可．柯林斯長眠之地（我們去參觀的那天，儘管已過了數十年，還是有鮮花放在他墳上）；柯林斯營區（Collins Barracks）；愛爾蘭國立博物館；和其他具有深遠歷史意義的地方。

我在澳洲所做的貢獻也讓我獲得許多喜悅。無論何時何地，我都盡力貢獻自己。強烈的價值觀驅使了我最敬重的那些人，對此我也毫不吝惜地加以讚賞。聖母醫院一直是我生命中的摯愛。我知道醫院未來會不一樣，因為藉著忠誠和創意，醫院要不斷創新才能符合時代變遷的需求。

「聖母醫院健康服務」不僅是慈善修女會在昆士蘭的神職服務，也是整個天主教教會的重要元素。聖母醫院的角色是成為社會和教會的一份子，向社會展現教會是積極、有價值的，在呈現我們以追隨基督是治療者為典範的承諾時，繼續扮演重要角色，正如「聖母醫院宗旨」所言。這份承諾領導著聖母醫院建立了一些獨特的社會擴大服務機制。

這裡有兩個例子。為了因應布里斯本日漸增加的難民人口，聖母醫院成立了特殊的難民婦產診療室（Refugee Maternity Clinic），提供健康醫療服務和產科支持給打算在聖母醫院生產的女性難民。第二個例子則是聖母醫院為了照顧弱勢族群，資助一名社區護士至西區的布里斯本遊民服務中心（the Brisbane Homelessness Service Centre）工作。這個中心照顧了數百人，他們的醫療狀況從輕微事故、到與毒品有關的疾病皆有。我們聖母醫院的護士提供數項重要服務，包括取得緊急危機收容、提供預防保健措施、安排緊急狀況及早轉診等。

在執行長約翰．歐唐納醫生（Dr John O'Donnell）激勵型的領導之下，聖母醫院邁向一個新紀元。親眼見識整個聖母醫院家族懷抱一個共同的關懷任務、並在布里斯本和紅土院區提供的傑出服務，真是令人振奮。自從二○○一年底開始，在約翰的管理之下，聖母醫院在各方面都蓬勃發展。在每位員工、每個小組的工作中，都見得到慈善修女會的精神，無論是在病床邊、在手術室、在廚房或在辦公室裡都一樣。我很高興見到員工滿腔熱忱地同心協力，努力成為慈悲、安全、高科技健康醫療領域的領導人。

在二〇〇九年底，聖母醫院擺脫三十年來的傳統，不再由各個醫院自行尋求評鑑認證，而由澳洲醫療照護標準委員會進行第一次全組織性的調查。這對大型組織是一大測試，我也很驕傲看到聖母醫院榮獲三項「傑出成就」評比——澳洲只有四所醫院獲得此一榮譽。看到聖母醫院因為提供中心宗旨的服務而獲得這些獎勵，令我特別感到欣慰。三項傑出成就獎之一是為了「以消費者／病患、甚至照護者為夥伴關係的情況之下，規劃和提供照護，以期達到最佳可能結果」。其他兩項獎勵反映出員工對聖母醫院工作的參與，並表揚廣泛的人力資源訓練、員工發展、及訓練制度，以維護聖母醫院在傑出病患照護方面的名聲。

看到這麼棒的機構能夠忠於我珍重的價值觀和文化，同時又如此迅速地擴大對社會的服務，讓我非常心滿意足。事實上，聖母醫院在過去五年內，員工人數增加了一倍。我很欣慰看到種種跡象顯示，「我的聖母醫院」將會持續慈善修女會的傳統來提供醫療照護，未來至少還有一百年吧！

我堅信今天的聖母醫院在社會大眾心中是個生氣勃勃、為人敬愛的機構。聖母醫院的領導人皆以基督為典範，對需要的人伸出援手。而聖母醫院也在如此睿智、堅定的領導下面對未來，令我甚為感激。對我這樣的人而言，每天祈禱非常重要，甚至只有幾分鐘也好。祈禱教導我們對他人、對自己要仁慈、要溫和對待，因為天主會無視於我們的愚蠢而愛我們。以女性的角度來看，我也知道現今聖母醫院的工作人員並未遵循特定的宗教傳統。儘管如此，他們也將鞏固聖母醫院的價值觀落實在生活中。無論他們的信仰或傳統為何，我希望聖母醫院的人知道，我們很感激他們，也很重視他們的技能和奉獻。

將生命視為旅程的看法並不稀奇。我將生命看成一系列平行的旅程：從年輕到老年的進展；我的宗教旅程中，從天真的信仰到經常受到試煉的深厚使命感；對我重要的人面臨挑戰和享受喜悅時，我與他們同行的旅程；我身為專業人士的旅程，從不情願的護士到承受壓力的資深主管等等。旅程將我們連結在一起；我們都是朝聖者。

我內心充滿對天主的感激，因為祂從不間斷地照顧我。我幫助的人愈多，回饋給我的愛也愈多。老年是件仁慈的事；我們可以在老年重溫過去，同時期望未來。老年是平靜的時光，欲求減少、需要也減少的時光。

對我來說，未來意味著加深我內心永恆的意義，自從在我們家屋後草地上體驗過永恆之後，這份感覺就不曾消逝。

過去十四年來，我和妞拉住的房子，和我度過大半輩子的大修道院天差地別。我們的日常生活就跟附近的鄰居一樣。我們會在教堂裡見到鄰居，也會在散步時在購物中心碰到他們。

大型修道院裡通常住了超過八十位修女，大廚房裡有專人採買食物和烹煮三餐。現在，我們自己採買食物，還會到處比價。我們自己煮飯，其實都是妞拉煮的。我們自己打理屋子和花園、付帳單，東西壞了就找適當的「維修大師」來修理。和布里斯本的所有居民一樣，我們也變成積極的水資源保護人士，還安裝了一個雨水貯水槽。在全球暖化的這幾年，我們對環境保護的認識也愈來愈多。我們現在在郊區的生活也是多元化社區的一部分，其實更類似於我們小時候知道的家庭生活。我們很喜歡這種生活，我們也有比較多時間祈禱，同時參與我們充滿活力的教區活動。

然而，有時候我和妞拉覺得有點跟不上現代化的世界。最近，我們去百貨公司幫朋友選禮物。店員問我們是否有貴賓信用卡。我們才說沒有，她就拿出一張表格要我們填寫，並解釋擁有這張卡的好處。雖然我們不是那家百貨公司的常客，但還是答應了。表格上的問題讓我們覺得那張信用卡可能不適合我們。我們既無收入，也沒有銀行帳戶。很快地，也很遺憾地，店員告知我們申請信用卡被拒絕了，因為我們「構成極大的風險」。我們的反應讓她摸不著頭緒。我們笑個不停，還說我們其實才是最安全的顧客，因為我們只會買錢包裡的錢買得起的東西。我們的反應讓她搖著頭走開，而我們則是邊笑邊走出百貨公司。

每天早上，太陽升起，帶來光線和治療，整天促進萬物的生長。傍晚，太陽漸漸變暗，直到西下，帶來平靜的感覺。也許，這就是生命本身的意象，以虔誠和愛度過所有的階段。

就某種意義來說，我繞了一圈，從愛爾蘭鄉間的一個快樂家庭、到布里斯本郊區穩定的家庭生活，又回到原位。我的使命感如同以往一樣強烈，因為一輩子有好有壞的豐富經歷而滋長。我經常想到第二任聯合國祕書長哈瑪紹（Dag Hammarskjöld）的話：「在這條漫漫長路上，我多麼需要時時刻刻看清楚我在這條路上經過了什麼。」

的確，這就是我的故事。

致謝

認識許多人是長壽的喜悅之一。要在這個故事裡提到所有人——甚至只是大部分人——都是不可能的事。很遺憾地，這本回憶錄提到的許多人都已離我們而去，但我很感激能有機會認識他們。

各式各樣的人在我寫人生故事期間，慷慨地提供建議、以及實際的幫助，我也非常感激。其中包括：我的修會領導人珊卓拉．露比修女、第一位執行長和老同事派特．麥奎爾、聖母醫院的執行長約翰．歐唐納醫生。約翰很勤懇地閱讀草稿必須修正的部份，並針對每一項提供詳細、深刻的建議；聖母醫院基金會執行長耐吉．哈里斯、瑪莉萊恩書店（Mary Ryan's Bookstore）的經理比爾．康凱能。聖母醫院健康服務的檔案管理員潔姬．錢伯林（Jackie Chamberlin）、和資深醫療攝影師薇琪．亞當斯辛苦地確定照片的位置，並為出版做準備。

為出版做準備事件艱苦的工作。就我的例子來說，琳恩．布萊恩

（Lynn Bryan）和昆士蘭大學出版社（the University of Queensland Press）的人員大幅為我減輕了這項負擔。琳恩對這個故事的洞察力在各個階段都給我很大的幫助，甚至包括選擇插圖。我也非常感謝編輯史蒂芬妮·坎皮恩（Stephanie Campion）細心的工作。

在整個過程中，妞拉一直在我身邊，提供珍貴的建議、鼓勵和必要的提示，讓我不敢怠懈。如果沒有她的支持，我絕對無法持續下去。海倫·葛雷葛利是位專業歷史學家、也是昆士蘭歷史和文化保存顧問，有她在我第一次戰戰競競嘗試寫作時來引導我，真是我的福氣。海倫在寫了聖母醫院精湛的歷史「慈善的表現」之後，就和我成了朋友，也欣然同意協助我寫這本書。

最後，這本書是出於張有惠董事長的發想，要寫出我的故事。如果沒有他的經費支持、以及周碩良先生與吳秀里女士的幫助，這本書絕對不可能完成。

國家圖書館出版品預行編目資料

慈悲與決心：安琪拉・瑪莉修女回憶錄/安琪拉・瑪莉著.— 初版 —
臺北市：經典雜誌，慈濟傳播人文志業基金會，2011.12
面；15*21公分
ISBN：978-986-6292-15-6（平裝）

1.安琪拉.瑪莉 2.回憶錄 3.天主教傳記 4.愛爾蘭

249.9419　　　　100006921

慈悲與決心——安琪拉・瑪莉修女回憶錄

作　　者／安琪拉・瑪莉
譯　　者／王振玲（百年翻譯社）
發 行 人／王端正
總 編 輯／王志宏
責任編輯／朱致賢
美術指導／邱金俊
美術編輯／黃昭寧、涂道懿（實習）
出 版 者／經典雜誌
　　　　　財團法人慈濟傳播人文志業基金會
地　　址／臺北市北投區立德路2號
電　　話／02-28989991
劃撥帳號／19924552
戶　　名／經典雜誌
製版印刷／禹利電子分色有限公司
經 銷 商／聯合發行股份有限公司
地　　址／新北市新店區寶橋路235巷6弄6號2樓
電　　話／02-29178022
出版日期／2011年12月初版
定　　價／新臺幣320元

This book was first published in the English language by the University of Queensland Press, Brisbane, Australia.
感謝臺灣武智紀念基金會贊助本書之翻譯工作，並協助各項出版事宜。

ISBN 978-986-6292-15-6（平裝）
Printed in Taiwan